ツインレイとの出逢い方

運命の人は必ずいる

メイとナツキ
Mei and Natsuki

KADOKAWA

子どもの頃から出会えることを夢見ていた。
私を心の奥から理解し愛してくれる人。
たった一人の、特別な存在。
私はあなたで、あなたは私。
そんな相手に出会ったことはありますか？
出会ったら、あなたはどうしますか？

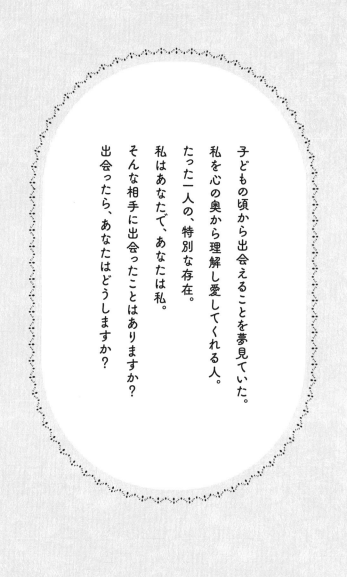

はじめに

あなたは、「運命の赤い糸」という伝説をご存知ですか？

「結ばれるべき二人の小指は、切れない運命の赤い糸で結ばれている。いつの日かその糸の導きで、二人は出会い結ばれ、幸せになる」

その伝説を知った時から、自分にもいつかきっと運命の人が目の前に現れると信じている、そんな人も多いのではないでしょうか。


初めまして。ツインレイ夫婦としてＹｏｕＴｕｂｅなどで発信している、メイとナツキと申します。妻のメイはスピリチュアルカウンセラーとして、夫のナツキはフレンチシェフとしても活動しています。


私たちも、子どもの頃から「運命の赤い糸」を信じていました。

でも、人を好きになるたびに、この人がそうかもしれないと思っていても、残念な結果に終わりました。それぞれ最初の結婚生活も失敗し、これはただのおとぎ話なんだと諦めた時——。

私たちはその運命の赤い糸がつながる相手、ツインレイに出会ったのです。

そして今、これまで感じたことのないぐらい、幸せな気持ちに満ちあふれています。


これは運命の赤い糸の人に出会った私たちから、あなたにバトンを渡したくて書いた、あなたに贈る本です。

次に、運命の赤い糸の人、ツインレイに出会うのはあなたです。


準備はできていますか？

あなたの人生のすべての景色が変わり、まるで別の星に来たかのように思えるような体験をすることを。

今度こそ本当のあなたに還り、もう一人のあなたに出会い、ともに幸せになることを。

さあ、扉を開ける時がきましたよ。

Chapter 1 ツインレイとの出会いで奇跡が起きる

Chapter 2
ツインレイ夫婦のリアル

Chapter 3
ツインレイお悩み相談室

Chapter 4 ツインレイと幸せになる方法

ブックデザイン　原田恵都子（Harada+Harada）
イラストレーション　しのはらえこ
DTP　NOAH
校正　小倉優子
編集協力　鈴木綾乃
編集　高見葉子（KADOKAWA）

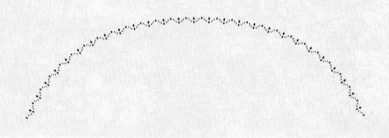

Chapter

1

ツインレイとの出会いで奇跡が起きる

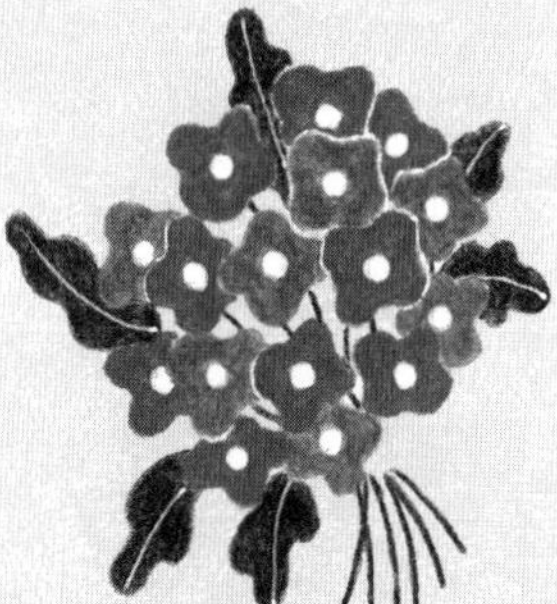

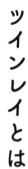

ツインレイとは

あなたはツインレイというパートナーシップをご存じでしょうか。

ツインレイというのは、スピリチュアルな世界における概念の一つです。

もともとは一つだった魂が二つに分かれた存在のことで、あなたと同じ魂を持つことから「魂の片割れ」とも言われます。つまり、ツインレイとは、世界にたった一人しかいない「運命の相手」なのです。


「ツインレイ」という言葉は、１９９９年にアメリカ・ミシガン州のリサ・J・スミスさんがサナンダという宇宙存在からチャネリングによって降ろしたメッセージの一つで、そこから世界中に拡がったと言われています。

現在、日本では「ツインレイ」、海外では「ツインフレーム」「ツインソウル」など、地域によってさまざまな言い方をしていますが、それぞれが、「運命の相手」「自分にとって唯一無二の存在」を指しています。

日本では、昔からよく「運命の人は赤い色で結ばれている」と言われていますよね。以前テレビCMにもモチーフとして使われていたので、私たちも子どもの頃から、「いつかきっと僕にもそんな人が」「私にぴったりの人がいつか現れる……」とこの言葉を信じて生きてきました。

もともとは中国で古くから伝わる「運命の相手は、互いの足首が赤い綱で結ばれている」という伝説があり、これが日本に伝わって「小指を赤い糸で結ばれた人」と変わったようです。

「自分にとってたった一人の最高の人」「運命の相手」というのは、古今東西、心の奥で人々がずっと求め続けてきたキーワードなのだと思います。

でも人は、大人になるにつれてさまざまな経験を積むうちに、

「運命の人なんて伝説の中だけで、本当はそんなことありえない」

「現実はそんなに甘くない」

だんだんとそんなふうに思うようになっていきます。でもね、その運命の相手がいる世界は、本当にあったのです。

詳しくは次の章でお話ししますが、私たち、メイとナッキは、長年のなんでもない友人関係から、ある日突然、ツインレイと気づきました。最初にメイがナッキをツインレイと気がついた時、

「やっと見つけた。私はこの魂と一つだったんだ……」

と、ナッキの顔（というか皮膚）を見ながら、しみじみと感じたことがありました。それまで何の意識もしていなかったナッキに対して突然、愛があふれてきてしまった理由をそこに感じました。

身体は魂の入れ物とは言いますが、それを実感した初めての体験でした。

今まで知っているその人から、同じ魂としての光を放っているのを急に感じる……。ツインレイに気づいた瞬間は、今まで探していた人に会えた、という、なんとも言えない安堵する気持ちが沸いてきました。

私たちがかつて夢だと思っていた世界は、今、現実になろうとしています。そ

れぐらい、時代は大きく変化し、この地球の次元も変化してきました。

夢のまた夢、のような世界も、私たちで具現化できる世界が今、ようやくやってきたのです。

そして、私たちと同じように、運命の相手であるツインレイに出会い、幸せになっている人が、今、確実に増えています。多くの人たちが、今まで見えてこなかった「魂のお相手」に気づける段階にきているのです。


魂が二つに分かれ、それぞれの身体に入って、再会を待っている。

でも、それぞれの身体に隠れていて、どこかにいるような感覚があるのに、なかなか見つけ出すことができない……。これって、「宇宙規模のかくれんぼ」と言えるのかもしれません。


地球にやってきた時に、自分の魂の片割れはどの身体に入ったのだろう？

それを探すワクワクの宇宙規模のかくれんぼ大会が開催されています。私たちは、この星に降りてきた時に、とても楽しいお楽しみの仕掛けを用意されてきたようなのです。

ツインレイの特徴とサイン

この世にたった一人しかいない運命の相手。「そんな人が自分にもいるの？」「どうやったら出会えるの？」「出会えたところで気づけるの？」「今のパートナーはツインレイ？」と、知りたいことが次から次へと出てくると思います。

そこで、この章では、私たちが実際にツインレイと出会い、いくつもの障壁を乗り越えて、ともに人生を歩み始めたことから見えてきた、たくさんの奇跡についてお伝えしていきます。

もちろん、ここに書かれていることがすべてではありません。ツインレイのスタイルはカップルごとに異なりますので、あくまでも「メイとナツキの場合はこうだった」と思って楽しんでくださいね。

①いつの間にか出会っている

まず、ツインレイの特徴として挙げられるのが、いつの間にか出会っているということです。「運命の相手」と聞くと、とてもドラマチックで印象深い出会い方をするように思えますよね。

もちろん、そのようなパターンも存在します。でも、私たち自身や寄せられる体験談では、ツインレイという存在を知る前からの知り合いや友だちであることが多いです。類は友を呼ぶのでしょうか。

私たちの詳しいストーリーは次章に書きますが、出会いはある共通の興味を持つ人たちのメーリングリストでした。そこで私たちは、チームディスカッションのために同じチームに振り分けられました。そこでのやりとりを通じてとても気の合う人だな、と互いに感じてはいたものの、その後次第に疎遠になっていき、結局はSNSでつながる程度の関係性に落ち着いていました。

だから、数年後にお互いが「ツインレイかも……!?」と気づいた時には、正直ショックを受けました。なぜなら、お互い全く恋愛対象としては見ていない相手だったから……。本当にわからないものです。

②意図せず二人きりになる

ツインレイと出会うと、意図せず二人きりになる場面が続きます。それまでの恋愛経験を振り返ると、好きな人と二人きりになりたいと思ってもなかなかなれなくてじれったい！　……みたいなことのほうが多かったように思うのですが、私たちは、友人の時もツインレイを意識しだしてからも、本当に自然に、気づくと二人きりになっていました。

③シンクロが起きる

人生に起きた出来事のシンクロがありすぎるのもツインレイの大きな特徴です。初めて観た映画とか、考え方とか人生目標とか……。

私たちが一番驚いたのは、小学生の時に大好きだった本が一緒だったことです。それも、誰もが知っている有名な小説とか映画化されたマンガなどではなく、おばあちゃんの知恵袋のような内容の〝知る人ぞ知る〟（つまりあまり知られていない）本でしたので、かなり衝撃的でした！

シンクロといえば、しばらく疎遠だった私たちが数年ぶりに再会する前、つまりツインレイだと気づく前から、それぞれ、周囲の人間関係が大きく入れ替わっていました。いろいろな人が現れては、サーッと去っていきました。特にナツキは「この人こそ、運命の相手」と考えていた人から一方的に別れを告げられています。今から考えると、それもまたツインレイのサインの一つだったのでしょう。

④連番をよく見るようになる

以前からの知り合いにしろ、新たに出会う人にしろ、ツインレイが近くにいると1111や2222といった、1から9までの連番をよく見るようになります。これについては、ツインレイに出会うエネルギー領域にチューニングが合ってきたことを示しているのでは？　と考えています。

⑤触れると溶け合うような感覚がある

私たちが晴れて再会し、お付き合いに発展してから「やっぱりメイこそ／ナツキこそが、ツインレイなんだな」と実感したのは、スキンシップの時です。これに関しては、ナツキのほうがより感覚が鋭くて、最初から「溶け合うような感覚がある」と言っていました。触れた時、「自分以外の誰かだという感覚」がないのです。まるで自分自身と触れ合っているような感じがするのは、ツインレイならではと言えます。

⑥ずっと一緒にいても飽きない

それから、ずっと一緒にいても全然飽きないというのも特徴かもしれません。

私たちの場合、今は日常生活はもちろん、ＹｏｕＴｕｂｅ撮影をする前も後も、何も変わらず同じトーンで延々、喋り続けています。ずっと隣にいても、もっと話をしたいと思う。なぜって、二人でいると、ただそれだけでものすごく楽しいからです。一緒にいる時に小さな無理や我慢をしたり、必要以上の努力をしたり。そういう負担がないことも、楽しさが続く要因なのでしょう。

ツインレイとはいつか必ず出会う

私たち人間は、誰しも「大いなる一つ」から分かれた存在であり、ツインレイは最後の最後に二分した光（＝魂）の片割れです。分散した光は長い時を経て今、再び「大いなる一つ」となるべく集まろうとする流れにあります。

ジグソーパズルを想像してみてください。たくさんのピースがつながり合って、一つの大きな絵を描き出しますよね。絵を完成させるためには、どのピースも欠くことはできませんし、Aというピースの右隣にはまるのは、そのまた右隣にくるCにもはまる特定のBじゃないといけません。つまり、それぞれのツインレイの統合こそ「大いなる一つ」再構築への道。だから、必ず出会います。

ただ、Aに合うBがピースの山からパッと見つかることもあれば、最後まで見つからないこともあるし、本当は違うピースなのにBだと思い込んで気づかないことがあります。場合によっては、何かの拍子にソファの下に入り込んでしまったBに気づかないまま、延々とパズルが完成しないこともあります。

これは、ツインレイに置き換えても完全にそのままです。

いつか必ず出会うけれども、存在に気づく時期はバラバラですし、勘違いもよく起こるし、場合によっては今世のタイミングではないこともあるということ。

魂レベルのつながりがあるとはいえ、互いに地球という三次元の世界に降り立ち、肉体という物質を持って、さらに今世で出会い気づき合えるというのは、**これ以上ない奇跡**なのですね。

気づきに関しても、「いつ出会えますか？」「出会えたらすぐわかりますか？」とたくさんの方から質問をいただいたり相談を受けたりしてきました。

はっきりお答えできればいいのですが、伝えられるのは「すごく個人差がある」ということだけです。気づいたのが20代の方もいれば30代、40代……知る限りでは70代の方もいます。私たちのことを振り返っても、知り合ってから8年経っての気づきでしたからね。

正直なところ「いやいや、もっと早くに会いたかったし、気づきたかったよ！」と思いましたし、当時のお互いの状況を考えると「なんで今なの⁉」でした。

思うところはたくさんありましたが、気づいたあと、時間をかけて二人でたくさん話をしていくうちに「ああ、もっと早くに気づいたとしても、互いに未熟すぎて今のようにはうまくいかなかったかもしれないね」と思うようになりました。だから、今にして思えば「あのタイミングだったからこそ、こうして一緒にいられるようになったんだな」と言えるのです。


そのような話の流れで、ツインレイと出会う理由について、二人で改めて考えたことがあります。いろいろな捉え方はできると思うけれど、私たちがたどり着いたのは「分かれる前の光よりも、さらに大きく強い光となるために人間という存在ができたのでは」という視点です。

いずれ一つに戻ろうとするのなら、光のままでもいいはず……ですよね。でも、わざわざ地球に降り立って、わざわざ人間に姿を変えているのには、背景に宇宙の大きな意図があるのではないでしょうか。

意図とは、魂の成長。光の存在では体験できないたくさんのことが、地球上にはあふれ返っていますよね。

地球に放たれたツインレイが、それぞれにさまざまな体験を通して魂を成長させていくことにより、二人がいつか出会い、互いに気づき、晴れて統合を果たした際に放つ光は、かつての光よりも大きく強い光となる——。

そのようなストーリーこそが、ツインレイが出会う理由なのでは？　と私たちは考えています。

私たちが初めて出会った頃、メイは専業主婦として「本当の自分」を押し殺して家庭に入り込んでいましたし、ナツキは重ねてきた年齢のわりにはとても未熟なものの考えをしていました。でも、8年後に再会して気づきを得た時には、メイは本来の自分らしさに目を向けて、社会に一歩足を踏み出し始め、ナツキも大人としての社会的責任から逃げない逞しさを身につけていました。

そう、だからやっぱり、出会いも気づきも最高で最善のタイミングで必ずやってくるのです。

ツインレイは理屈じゃない

突然ですが私、メイは、物心ついた頃からずっと、眼鏡に強烈な憧れを抱いていました。どうしてかと聞かれても、わかりません。理由はなんであれ、外に出れば眼鏡の人を目で追っていましたし、マンガを読めば眼鏡をかけたキャラクターばかりを好きになってしまいました。

自分でも眼鏡をかけたい！　大好きな本を読みながら、ずれた眼鏡をクッと押し上げたい！　と思っていたけれど、幸か不幸か、何をしても一向に視力は落ちず……。結局、20歳を過ぎた頃に伊達眼鏡を作りましたが、いまいちフィットしなくて、すぐにかけるのを止めてしまったのです。

自分ではかけられないとわかってからは、それまで以上に眼鏡の人を無意識に目で探し求めるようになったような気がします。思い起こせば、お付き合いをした人のほとんどが眼鏡の人でした。

眼鏡と並列して探し求めていたのが、標準語で話す人です。

私は京都出身なのですが、同じ京都弁の人や関西弁の人には一切、心惹かれませんでした。いいな、と思う人はいつも標準語。出身は別の地方でも、東京の言葉を話す人を探していました。

実を言うと、ナツキはそのすべてを網羅しているのです。

今は丸眼鏡ですが、出会った当初は、メイが一番好きな横長の細い眼鏡をかけていました。ナツキも本を読むのが好きなので、メイの憧れの仕草を自然にやってのけます。そして、東京育ちの生粋の標準語スピーカーという完璧具合！

一方、ナツキは京都弁を話す人を心のどこかで探し求めていました。関西弁ではなく、京都弁のイントネーションに不思議と心惹かれて、いつか京都の女性と出会う日を夢見ていたのです。

そしてメイの生まれは京都です。大人になり、東京に出て仕事をするうえでの利便性を考えて日常的には標準語を話していましたが、メイが京都弁を話すと知った瞬間、心がグッとメイに向いたのを感じたそうです。

二人が出会いからまもなくして急激に仲良くなったのは、メーリングリストで定期的にディスカッションをしていたのもあるけれど、もっと無意識的なところで、互いに探し求めていた人物像そのものであったことが、大きく関係しているのだと思います。

言ってしまえば「眼鏡の人」も「標準語を話す人」も「本が好きな人」も「京都弁を話す人」も、単なる自分の好みなんです。どうして好きかは、わからない。なぜかわからないけど好きなもの。心惹かれるもの。理屈ではないもの……。

一般的には、特に恋愛において理屈では言い表せない好みに従っていると「婚期を逃すよ」とか「現実を見なよ」とか、いろいろと言われがちだと思います。だけど、ツインレイと出会い、夫婦として歩みをともにしている私たちには「なぜかわからないけど好き」というのは、もしかしたら二つの光に分けられた時に刻み込まれたツインレイ同士の暗号かもしれないよ？　と思えるのです。

二人とも、恋愛対象に求める絶対条件としていたわけではありません。でも、心の奥深くの柔らかいところでは、ずーっと淡く求め続けていました。

そのことに気がついたのは、互いの存在に気づいた時。

ツインレイを確認し合った瞬間のなんとも言い表せない、とてつもない安心感に包まれて「ああ、自分は彼を／彼女を長い間、待ち続けていたんだ」と、心の奥深くでじんわりと感じ取ったからです。


だからぜひ、それぞれが胸のうちで淡く抱き続けてきた「なぜかわからないけど好き」という感覚を呼び起こして、今一度、大切にしてみてください。

もしも誰かに何かを言われても、気にせず貫き通せばいいのです。なぜって、そこに理屈は必要ないからです。そして、いつの日か必ず出会う、たった一人の運命の相手をたぐり寄せる「鍵」となるかもしれないのだから。

ツインレイはどこにいる?

「私のツインレイは、どこにいますか?」

というのも、よくある質問の一つです。知りたい気持ち、聞きたい気持ちはとってもよくわかります。でもね、ツインレイは自分で見つけることが魂の最大の喜びでもあるので、ヒントとして、私たちの場合――メイとナツキは、それぞれのなかでどこにいたのか、振り返ってみたら何か皆さんの手がかりが見えてくるかもしれないと思い、お話ししますね。

ナツキにとって、メイは心のなかにいました。

知り合ってすぐに打ち解けた私たちは、交流するごとにどんどん仲が良くなっていきました。二人でいると、本当に何時間でも喋っていられたのです。性別の違いを超えた親友のように思っていましたが、出会いからちょうど一年が経った頃、それぞれに仕事や生活の転換期を迎えたことをきっかけに少しずつ縁遠くなっていきました。

結局、年1回のメールのやりとりをするかしないかくらいの関係性に落ち着いたものの、不思議とメイのことはずっと心のどこかで思っていて、なんの脈絡もなくふと思い出すような存在でした。

ナツキは過去には飛び込み営業の仕事もしていたし、ビジネス交流会にもよく参加していました。人生において会った人の数で言えば、何万人にもなるくらいたくさんの人と出会ってきています。でも、そのなかでずっと心に留まっているのは、せいぜい5人くらいのもの。

そのなかの一人が、メイだったのです。

メイにとっても、ナツキは心のなかにいました。出会ってから、今までずっとナツキの存在が消えたことはありません。

出会った時、メイは専業主婦でした。家庭と子どもの幼稚園関連のお付き合いとスーパーが社会のすべてだったところに、ナツキという、自分でビジネスを起こしたりイベントの企画運営もしたりするようなクリエイティブな友だちができたことが、すごく嬉しかったのです。当時のメイは、今では考えられないくらい、本当の自分を奥底にしまい込んでいたので、ナツキの在り方に憧れる気持ちもありました。自由で、楽しそうで、うらやましかった。だから会わなかった期間も、ナツキのブログは逐一チェックしていました。

恋愛的な忘れられない人、とはまたちょっと違う感覚です。前述したように、そもそも二人とも、ツインレイだと気づくまで互いに恋愛対象としては一切、見ていませんでしたから。強烈に惹かれる何かはないけれど、気がついたらずっと想っていた――そんな感じです。

私たちの場合、ツインレイは自分の心のなかにいた、ということになります。

ですが、読者の皆さんがすでにツインレイと出会っているとは限りませんよね。気づいていないのではなく、まだ出会っていない方もたくさんいると思います。

なので、これから出会う皆さんに向けて、メイが宇宙から降ろしたメッセージをお伝えすることとしましょう。

魂の片割れを、必死で探す必要はありません
あなたが存在している限り、本当のパートナーは必ず現れます
今はまだ、出会えていないだけなのです

ここに一つの鍵があるとします
隣には、鍵穴もある
でも、鍵はテープでグルグル巻きにされていて
鍵穴を覗くと綿ぼこりがぎゅうぎゅうに詰まっています
どう頑張ってみても、鍵は鍵穴に挿さりません
ほかの鍵穴を探しても、やはり挿さりません
挿すためには
グルグルに巻きつけられたテープをすべて剥がし
鍵穴に詰まった綿ぼこりをすべてかき出す必要があります
鍵も鍵穴も
元の状態に戻ることによってその役割を正常に果たすのです

鍵はあなたであり、鍵穴は運命の相手
互いにまっさらな状態に戻り、鍵を開いたその時
ツインレイの扉は開くでしょう

ツインレイはどこにいるの？
そう思ったら、あなたは、あなた自身を探る必要があります
本当の私はどういう私？
本当の私はどういう世界を生きたいの？
ツインレイに気づくということは
本当のあなたの人生を生きるスタートラインに立つ
ということなのです
自分にもっと素直に、対話をし続けましょう
それはつまり、ツインレイとの対話であり
巡り合いにつながっていきます

ツインレイとの恋愛の特徴

ツインレイとの恋愛は、いわゆる普通の恋愛とは全然違います。

もちろん「普通の恋愛」と一言でくっても、100カップルあれば100通りのかたちがあるとは思いますが、これまでの恋愛経験をベースにした予測が一切通じないというか、参考にならないことが多いというか。

これは、私たち自身もそうでしたし、ツインレイと出会って気づいてお付き合いに進んだほかのカップルに聞いても同じことを言っていたのですが、とにかく、**あらゆる場面において非常に戸惑いを感じます。**

そもそも、ツインレイとの恋愛は、始まりからして様子がおかしいです。「この人素敵だな」「もっと知りたいな」からは始まらずに、どこかから〈この人だから!〉と決定事項を突きつけられて、大いに戸惑うところからスタートすることが非常に多いからです。

「え？　なんでこの人なの!?」と思っても、誰に聞くこともできません。この瞬間を皮切りに、これまで頼りにしてきた恋愛に対する既成概念がどんどん崩されていくのです。まるで、破壊から創造を引き起こすかのように……。


興味深いのは、メイにしてもナツキにしても、それぞれが恋愛をするうえでNGとしていた条件に、お互いが見事なまでに当てはまってしまっていたことです。

ナツキには「どんなに素敵な人でも既婚者を好きにならない」という絶対的なルールがありました。メイには「飲食店勤務の男性は避ける」とか「もう子どもは産まない」とか、いくつかの決めごとがありました。ところが、目の前に現れたツインレイは、いずれのNG条件にもバッチリ当てはまっていました。にもかかわらず、なぜか「じゃあ、この人はやめよう」とはならなくて、自分のルールを変えるほうを選んでしまうのです。

メイのなかで最も大きな決めごとであった「何があっても離婚しない」ですら、変えてしまいました。

やはりツインレイとの恋愛は、いわゆる普通の恋愛とは全くの別ものなのです。

決まりを外せたのは、私たちがともに柔軟な思考の持ち主だから、というのも大きかったかもしれません。でも、ツインレイは互いを解放し合う存在であるがゆえに「恋愛とはこういうもの」「男女関係はこうあるべき」に対する執着を、自然に手放す流れになったのではないかな、とも思っています。

逆に、手放せずに固執してしまうと……かなり苦しい想いをすることになるでしょう。始まりからして普通の恋愛から飛び出ているツインレイに対して、既存の在り方を当てはめようとすることは、スライムを型抜きしようとするようなものです。想像するだけで大変ですし、多分、無理なんですよね。

スピリチュアルの観点からいえば、「風の時代」に切り替わったタイミングの今、現状維持は、停滞どころか後退にもなる時代です。

私たちは、風の時代はツインレイの時代だと読んでいます。時流に乗り、たった一人の運命の相手と出会うためにも恋愛観や男女の価値観をどんどんアップデートしていきたいですね。

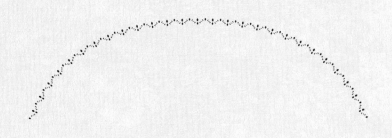

Chapter

2

ツインレイ夫婦の
リアル

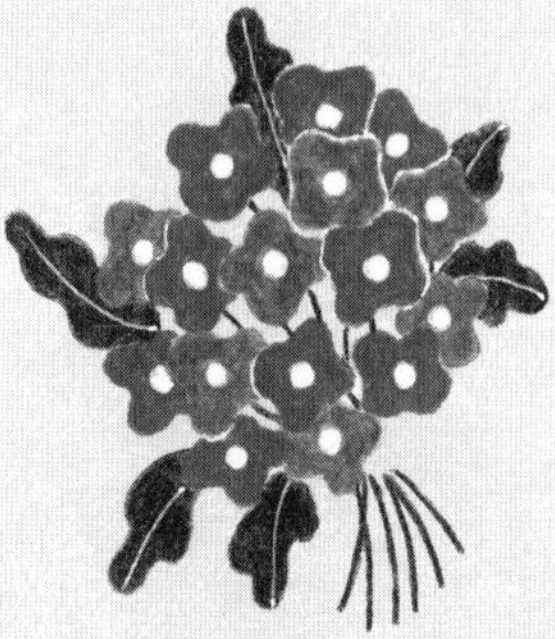

すべてはここから始まった

私たちのYouTubeチャンネルを視聴してくださっている方はご存じかと思いますが、本章では改めて私たちのストーリーをお伝えしていきます。

前章でも触れている部分はいくつかありますが、時系列に沿ってまとめていくことで、ツインレイがいかにして出会い、気づき、どのような試練を乗り越えて夫婦となった今に至ったか、流れで感じられることと思います。

出会いは2008年9月。実業家であり、個人投資家として名を馳せた故・竹田和平さんが開く『貯徳問答講』というメーリングリスト内で知り合いました。

当時のメイは、子育て中の専業主婦。それなりの幸せは感じていたけれど、家庭という極めて私的な社会で「夫のため」「子どものため」に翻弄されながら過ぎていく日々に、どんどん思考を奪われていくような感覚を覚えていました。自分という体は存在しているのに「私」の部分が空洞のように思えて、本当の自分にとっての幸せを探るべく、メーリングリストに登録しました。

一方ナツキは、プライベートシェフという名の、限りなくニートに近い状況にありました。仕事のことも家庭のことも、人生に行き詰まりを感じていたのです。停滞し切った今の状況を打破したい、迷いから抜け出したい、といった想いでメーリングリストに登録しました。互いに「自分にとっての幸せ」を探している最中に出会ったということになります。

メーリングリストでは、毎週「愛とは何か」のような問いかけに対し、振り分けられたグループごとにディスカッションをします。メイとナツキが初めて同じグループになった時、とても気が合うのがすぐにわかりました。ほかのメンバーとは何回かのやりとりで終わるのに、二人のラリーは無限に続きました。

その後も何度かディスカッションしたあと、ようやく対面を果たしたのは、オフ会を開催した時。それまでにすでにかなり深い話をしてきているので、性別を越えた親友のような距離感でいられたのが、とても印象的でした。

ちょうどその頃、ナツキは料理を通して世のお母さんたちが笑顔になるためのプロジェクトができないか、模索しているところでした。メイは実際に母親ですし、そのような取り組みにも興味を持っていたタイミングでしたので、ナツキの食育プログラムに参加するなど交流を深めていましたが、状況が一変したのはその矢先でした。メイは第二子を妊娠し、ナツキは新規オープンのレストランにシェフとして立ち上げから参画することになったのです。

その後、二人は疎遠になっていきました。続いたのは年に一度の「お元気ですか」メールと、ナツキからのイベント告知メールのみ。再び子育てに追われていたメイは、気になりつつもイベントに足を運ぶことはありませんでした。

ただ、一度だけナツキの関西出張とメイが京都の実家に滞在する時期が重なったことがあり、せっかくならとナツキがメイの実家に来たことがありました。ちょうど京野菜が話題となっていた頃。シェフのナツキとしては産地であるメイの地元に行ってみたい気持ちがあったのです。ナツキがメイの実家に寄り、一緒にご飯を食べて、近所のお寺をメイが案内したり京野菜を買ったり、合間にメイの実家でナツキが昼寝をするという、友人のわりには、くつろぎすぎているような……なんとも不思議な時間でした。

メイは第二子出産後、仕事に復帰しました。当初は一般的な事務職でしたが、以前から大好きで、本もたくさん読んでいたスピリチュアルの世界に携わりたいと願うように。すると、ヒーラーさんや霊媒師さんのサポート業務の話が舞い込んできたのです。新しい扉を開くのは勇気のいることでしたが、やってみたい気持ちは抑えられず、フリーランスとしてサポート業務に就きました。

サポート業務は多岐に渡り、マネジメントする方々の発信のお手伝いや、エネルギーワークの練習台になることも。続けるうちに、自分自身の内側が開かれていくような感覚を覚え、気づけばサポート役であるはずなのに「メイさんに話を聞いてほしい」と言われることが増えていきました。自分に特別なチカラがあるとは思えなかったけれど、「求められるのならやってみたい」との心の声に従ってセッションを開始しました。

この時、なぜか急にナツキのことを思い出しました。それで久しぶりに連絡をとった流れで、ナツキが料理長を務める八ヶ岳のレストランにランチの予約を入れたのです。

再会、そして気づきの瞬間

ナツキのレストランの予約を入れた数日後のことでした。メイがスピリチュアルな力を持つ友人と会っていた時、彼女から突然、

「ツインレイって知ってる？　メイはそういう人との出会いが近いみたい」

と言われたのです。

ツインレイの存在は知っていました。たった一人しかいない運命の相手であり、魂の片割れ。でも、まさかそんな人が現れるの？　夫がいるのに？　子どもがいるのに？　家庭はどうなるの？　当時、夫との関係はすでに冷え切っていましたが、離婚を考えたことはなかったので、もう、頭のなかは大パニックです。

その日から、男性が視界に入るたびに「もしや、この人!?」「え、あの人!?」と落ち着かず。どうにか心を整理できないものかと、一週間で3回のスピリチュ

アルセッションを入れたのですが、3回とも「あなたはここから宇宙次元で生きる」と言われました。

運命の人と出会うと言われたり、宇宙次元で生きると言われたり。もう自分でも何が何だか……。混乱を極めて疲れてきてしまったので、一つ目印を決めようと思い立ち、ツインレイは、何か「黄色い目印」を用意してくれる、そう自分で設定しました。

しかし精神的疲労がとんでもなくて、こんな状態で八ヶ岳にまで行けないと、何度も予約をキャンセルしようか悩みました。大雪で電車が運休にならないかな、と願ったりもしました。途中までメッセージを打っては消して……でも、これまでナツキからイベントに誘われても断ってきたんだし「ここで一度行っておけば義理が立つ！」と奮い立てて、どうにかこうにか特急電車に乗り込んだのです。

八ヶ岳に向かう途中、車窓から積もった雪が見えました。4月なのに……と思ったら、私が行く前日に珍しく雪が降ったようでした。でも、その日はとっても暖かな心地の良いお天気でした。

久しぶりに再会したナツキは、人生に迷っていた頃のナツキとは、全く異なる雰囲気をまとっていました。自信に満ちている、というのでしょうか。いい顔になっているな、と感じたのを覚えています。

お店の窓から桜のつぼみが見えました。聞けば、桜の季節は満席が続くとのことでしたが、前日の雪が関係してか、その日の予約はほとんどなし。静かな店内で（桜はピンクだからツインレイとは関係ないよね）と思いながら、ナツキが作るフレンチのコースをいただきました。

食べ終わると、スタッフの方から「料理長とお茶でもいかがですか？」と個室に案内されました。聞けば、そんなことあとにも先にも初めてだったそうです。

窓の外は一面の薄ピンク。朝はつぼみだった桜が、いつの間にか五分咲きとなっていました。遅れて、真っ白のコックコートを着たナツキがやってくると「君が来たから、桜が咲いたんだね」と一言。ほかの女性でもそう言うんでしょ、と思いつつも、なぜか、ちょっとだけ心に響くものを感じ、とっても不思議な感覚に包まれました。そして、その時知ったのは、ナツキがスピリチュアルなことを理解できる人だったということ。それまで、そんな素振りを見せたことがなかったので、心底驚きました。

そのまま帰る時間になり、タクシーで駅に向かい、再び特急電車に乗り込んでも、まだ不思議な感覚が残っていました。

今日は一体、私に何が起こっているのだろうと考えながら、今日の料理の写真を見返そうとカメラを開いたら……前菜のサラダの上に黄色の菜の花が乗っているのが目に飛び込んできました。

単なる偶然？　黄色を意識しすぎているだけ？

でも、この瞬間、「ナツキが私のツインレイ」という気づきと、それに覆いかぶさるように、これまで一切感じてこなかった「ナツキが好き」という気持ちが、突如ぶわっとあふれ出てきたのです。

一度この気持ちに気づいてしまってからは大変でした。ここから3日間ずっと、頭では「私がナツキを好きなはずがない」と言い聞かせているのに、私の心は「ナツキが好きで好きでしょうがない」と言っている……その葛藤をどうにもできず、涙を流して苦しみました。

魂の「片割れ」だから

突然、好きがあとからあとからあふれてくる。そんなことは初めてです。もしもナツキと一緒になれたら……。想像しただけで幸せな気持ちに包まれました。でも、そうなるためにはいくつもハードルを越えなければなりません。つらくて苦しくて、「どうして今？」と問い掛けても、答えは出てきません。

それでも、彼の人となり、これまで彼と話したことを思い返すほど、驚くほど自分とそっくりなことに気づきました。

小さな時に好きだったものも、初めて観た映画も、誰かに対してちょっと嫌だなと思うことも、自分自身に対してもっとこうだったら良いのにと思うことも、メーリングリストに登録した頃のくすぶり具合もタイミングも、すべてが同じだったのです。

そうか。ツインレイは魂の片割れ。

「片割れ」だから、彼は私で、私は彼なんだ。

ナッキは、メイと再会する3年前に離婚していました。

理由は、どうしても子どもを授かりたかったからです。当時の奥さんは、子どもを産まない選択をしていました。もちろん夫婦で話し合った末の方針でしたが、ナツキは、自分でも気づいていない、潜在的なレベルでやっぱり子どもを切望していました。

しまい込んだ想いに気づいたのは、義父のお葬式。義母が車椅子から立ち上がり、丁寧に別れ花を捧げているのを見た時でした。仲が悪かった義父と義母。ずっと二人は憎しみ合っていると思っていたのに、そこには最期まで添い遂げる夫婦愛があったのです。

自分の浅はかさを目の当たりにしたナツキは、お葬式から帰る飛行機で、人生と真剣に向き合うことにしました。この命が終わりを迎える時、自分は何を後悔するだろう。出てきたのは、子どものことでした。「子育てにチャレンジしてみたい」という深くて熱い思いが自分のなかにあったことに気がついたのです。このままでは、きっと子育てができなかったことを彼女のせいにして恨んでしまう……。

遅れて帰ってきた奥さんに思い切って打ち明けましたが、彼女の意志は変わりませんでした。絶望にも似た気持ちでした。それから毎日、離婚を切り出そうにも切り出せず、沈黙の二年が経過。息苦しさもピークに達した頃、お正月に行ったお墓参りの際、すがるような想いで「離婚をしてください」とお願いしました。そうしてお別れした直後、八ヶ岳でのシェフの話が急に入ってきて、とんとん拍子で八ヶ岳行きが決まったのです。

ナツキがメイと再会したのは、そこから二年後の春でした。

メイは、ナツキから話を聞くたびに「そう望むのなら、望みを叶えてくれるパートナーを見つけるほうがいいと思う」と伝えていました。当時から、メイにはナツキの切なる想いが、なぜだか痛いくらいにわかりました。そしてなぜか、ナツキは絶対に、今世で子育てを体験したほうがいいと強く感じていたのです。

だから、会わなくなってからも、ことあるごとにナツキの望みが早く叶いますように、と思い続けていました。でも、ナツキがツインレイだと気づいた瞬間、その望みを叶えるのは、ほかの誰でもない自分自身なのだとわかったのです。

それはそれで、メイにとってはとんでもない衝撃でした。二人の子育てがようやく落ち着いて、仕事を始めて独立もして、さあここから、というタイミングだったからです。

ナツキと結ばれたら、また振り出しに戻るのか……。そんなふうにも思いましたが、同時に、でもこのタイミングだからこそ振り出しに戻る選択もできるのだという事実にも気づいたのです。

もしも今の私が、出会った頃のような家庭に閉じこもった専業主婦のままだったら……？

ツインレイだと気づいても、なんの身動きも取れなかったはずです。

大好きなスピリチュアルの世界で、本当の自分を生きていく。その一歩を踏み出したタイミングでの再会は、もしかしたらもっと大きく羽ばたいていくために宇宙が授けたパートナーなのかもしれないと、ひらめきが降りてきました。

もしも本当に宇宙からのサポートならば、逃げている場合じゃない。そう思って、改めて自分の人生と真剣に向き合うことにしたのです。

(私は何のために生まれてきた？　このまま死ぬとしたら、何を一番後悔すると思う？)

私は私として幸せになるために生まれてきたはずだし、そのためにもナツキと一緒になる、それ以外に答えはありませんでした。

この想いを叶えるためには、誰かを傷つけてしまうかもしれない。そしてたくさんの涙を乗り越えなければいけないことは承知のうえです。これからカウンセラーとしてたくさんの人の心に寄り添っていくというのに、自分の心に寄り添えなくて何を伝えられるの？　そんな想いも、強いあと押しとなりました。


私は彼で、彼は私。

私たちは互いに魂の「片割れ」なのだから、叶えたい想いがあるのなら、二人で叶えるべきなんだ。だから、もしも一緒になれるのならば、メイはナツキとの子を産むと覚悟を決めました。

わからない。でも、確信しかない

覚悟を決めた、と言ってもメイの心のなかだけの話です。最初、ナツキはメイがツインレイだとは気づきもせず、その後も関係性は友人のままでした。変わったと言えば、年に一回が通例だったやりとりが、一日10回に激増したこと。もちろん、発信源はメイです。

ナツキはというと「メイさん、突然どうしちゃったんだ……」と困惑しつつも、友人として適度な距離感の返信を心がけることに終始していました。

メイとしては文面のやりとりだけでなく、すぐにでも会いたいと思っていたのですが、本格的な桜のシーズンに入りレストランは繁忙期に突入。5月にはゴールデンウィークも控えているとあって、ナツキの予定は仕事でパンパンに。忙しい人にしつこくするのも……と思いつつも確かめたい気持ちが強くて、再会から一ヶ月半後、ナツキが東京に出てくる時に、もう一度会おうと約束を取り付けました。

何かを覚悟してアクションを起こすと、同時に人生そのものも大きく動き出すような感覚があります。メイは八ヶ岳でナツキと再会した二週間後に「仕事を辞めないと次がこないよ」という直感があり、なんとなく引き際を感じていた事務サポートの仕事を思い切って辞めることにしました。

そして辞めることが決まった二日後、メイは宇宙語を話し始めます。

……いやいや、なんの話ですか？　と思いますよね。でも、嘘でもなんでもないのです。ある時ふとインスピレーションが降りてきて、メイは宇宙語を話すようになりました。自分でも何がなにやら……でしたが、宇宙語を話せば話すほど、涙があふれてくるのです。

不思議なことがあるものだと思う一方で、ここまでさまざまな「感覚」が開いてきたのなら、すべて自分の直感に従って生きていこうと、諦めのような気持ちも沸いてきました。よくわからないけど、メイが宇宙語を話せるようになったのも、ナツキにツインレイを思い出させる手段の一つかもしれないし、「私が私であるために」「私として生きるために」必要な言葉なのかもしれない……と、受け入れられるようになったのです。

宇宙語のことはナツキにも伝えましたが、受け流す程度の返信しか来ませんでした。ナツキは世の男性のなかでは、スピリチュアルな感覚に近しいほうです。でも突然、友人の女性に「宇宙語を話すようになった」と言われても、まあ、受け止めきれないですよね。

そんな感じで約束の日が近づいても、ナツキからは素っ気ない返事だけ。どこに何時に待ち合わせるかの話は出てきません。

ナツキは約束の前日、急いで仕事を終えると最終列車に飛び乗って東京の実家へ戻っていましたが、あまりにクタクタでメイに連絡するのを忘れていました。翌朝、目が覚めたナツキは、寝ぼけ眼でメイからの「今日はもう会えないのかな」とのメールを読んで自分の失態にようやく気づきます。

正直、前日の夜までナツキはメイとの約束が億劫で仕方がありませんでした。忙しい毎日が続き、それくらい疲れていたわけですが、朝のメールを読んだ瞬間、メイの悲しみが手に取るようにわかり、なんてひどいことをしてしまったのか！

と慌ててメイに連絡したのでした。

待ち合わせ場所にやってきたメイにナツキは、彼女が一ヶ月半前とは別人のような雰囲気をまとっているのを感じました。こんなに素敵だったかな……と思いながら近くにあったメイおすすめの神社へ行くことに。参拝中、メイが「実はこの裏がすごくいいのよ」と言うので見に行くと、普段は入れないエリアが工事中か何かで入れそうになっていたのです。メイが気づいた時にはもう、ナツキはそのエリアに入って行きました。

「見つかったら、ゴメンなさいしよう」と笑うナツキに引っ張られるように、これまで外から眺めるだけだった祠《ほこら》のすぐ近くまでメイは足を運び入れました。

祠に向かってゆっくりと時間をかけて手を合わせるメイの隣で、ナツキはとても不思議な感覚をキャッチしていました。この感覚、なんだろう……。口にはせず、心で感じながら祠の奥に進むと岩で作られたトンネルが現れました。二人でくぐると、その先は神社から出たごく普通の道でした。でも、ナツキには異次元空間のように思えたのです。

メイといると、とても楽しい気分になるな。もっと二人でたくさん話をしたい。そんなことを考えながら予定していたレストランに到着したのですが、なんだか店内がザワついていて、落ち着きません。ナツキが「違うところにしない？」と提案すると、メイも同じように感じていたらしく、すぐに賛成してくれました。

そのあとに見つけたお寿司屋さんの静かな店内で、二人は思う存分、話をしました。メイとナツキが話し出すと、話題が尽きません。でも、そろそろお茶をいただいて出ようかとなった時、メイが「ツインレイっていうスピリチュアルなパートナーシップがあってね」と静かに話し出しました。

ナツキは「へえ」と耳を傾けていたのですが、向かい合うメイが湯呑みを持っている手をなにげなく見て、とっさに「あ、自分の手だ」と思ったのです。

そして次の瞬間、「メイは、僕の運命の人だ」と気がついたのでした。

メイの気づきと同じで、その時の頭のなかは「なぜ？」「わからない」だらけ。

でも、心には確信しかありませんでした。

「ただいま」「おかえり」で魔法が起こった

（メイがツインレイだと仮定しよう。でも、彼女は家庭を持っている。夫がいて、そして子どももいる……）

ナツキは恋愛のルールとして、既婚女性とのお付き合いは何があっても絶対にしてはならない、と定めていました。さらに言えば、実は当時お付き合いをしていた女性がほかにいました。でも、気づいた瞬間からいろいろな考えが頭のなかをグルグル回って、さっきまで饒舌だったナツキはどこへやら。何も喋れなくなってしまいました。

どうにか立ち上がり、お店を出たけれど、なんだかうまく歩けません。東京のアスファルトが、田んぼのようにズボズボと足をとらえていくように感じられて、全身がフラフラしてきました。歩きながらメイとボソボソと話をしたことは覚えています。でも、受け答えするので精一杯。頭のなかはツインレイのことで大混乱でした。

しばらく行くと美しく整えられた公園があり、メイの希望で立ち寄ることになりました。入ることはできないけれど、イングリッシュガーデンを眺めることができる場所でした。二人でフェンスにもたれながら、ナツキがかつて旅した大好きなイギリスの風景を思い出していると、メイが「イギリスが好きで旅したことがあったな」と話します。

お互いの旅の思い出話を語らいながらも、ナツキの目はメイの手を追いかけていました。さっきの感覚はなんだったんだろう。思い起こすと触れたい衝動に駆られました。でも、メイには家庭があるし、八ヶ岳に戻ればナツキの恋人もいる。

常識的に考えれば誰にでもわかる、踏み出してはいけない一歩。

だけど、何かの拍子に袖が触れ合った瞬間、「メイは僕がツインレイだとすでに気づいている」ということが直感的にわかりました。勇気を出してメイの手に自分の手を重ねると、「メイが好きだ」という気持ちが止まらなくなり、そのまま思わず抱きしめてしまいました。

するとメイも、自然と身を委ねました。溶け合うような、一つになっていくような、これまでに感じたことのないくらいの深い深い安心感のなかで、気がつくとナツキは「おかえり」と呟いていました。

頭のなかでそう聞こえてきたから、なんだかそう言ったほうがいいような気がして、何も考えず、感じるままに言葉にしました。

メイは、驚くこともなく、静かに「ただいま」と返しました。

まるで、そうなることが決まっていたかのように、ごく自然に受け入れることができたからです。


（ナツキが気づいてくれた。私の気づきは勘違いじゃなかった）


わかり合えること、受け入れ合えることのすべてが美しく思えて、二人とも感動と感激で胸がいっぱいになりました。

八ヶ岳での再会からの一ヶ月半の間、何を想い、何を考えて、どのように想いを伝えようとしていたのか。その時メイは初めて、すべてをナツキに打ち明けました。すると、ナツキからは昨日までの素っ気ない返信とは打って変わって、言葉の一つひとつからメイへの愛しさがこぼれ落ちるような返事が返ってくるではないですか。

メイはとてつもなく嬉しい反面、ナツキが無意識のうちに固く閉ざしていた扉を、自分が誘導して開けさせてしまったようにも思えて、ほんの少しだけ戸惑いました。

でも、不思議と後悔はありませんでした。

だって「ただいま」「おかえり」の瞬間こそが、私たちのすべてだからです。あの体験は、これから何が起こっても私たちなら大丈夫、絶対に乗り越えられると信じ切る、効果の切れない魔法のようなもの。

こうして私たちは、ようやくスタートラインに立つことができたのです。

出会いから迎合は、宇宙のはからい

スタートラインには立ったものの「さて、これからどうしよう……」からの始まりでした。

互いの存在を確認できたところまではいいとして、既婚者であるメイに「好きです」「一緒にいてください」とナツキが言うことは「旦那さんとお別れしてください」というのと同じです。大切な子どもたちのことも、慎重に考えなければなりません。

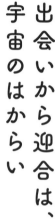

それまでのメイだったら、順を追って説明をして手順を踏んで離婚に進もうとしたかもしれません。でも、その時のメイはすでに宇宙次元で生きることを選んでいましたし、ナツキという魂の片割れと巡り合い、手を取り合っています。

そんな状況を考えると、いつかきっと、インスピレーションが降りてくるんじゃないかと思えてきました。タイミングを待とう。その代わり、ただ待つのではなく、二人に起きている奇跡を、現在進行形でブログに書いて発信することにしたのです。

ツインレイと巡り合いながらも、どうしたらいいのかわからなかったり、誰にも相談できずに苦しんでいるカップルが世のなかにはたくさんいるはずです。そのなかで、私たちは宇宙からのサポートを受けて、奇跡のような瞬間を体験をさせていただきました。ここから先、さらなるサポートを受けるためにも、この体験をシェアすることで誰かの力や喜びに変えていく、地球に貢献していく必要があるんじゃないかな、とそう考えたのです。

匿名アカウントを立ち上げる際、状況的に実名は出せないので、とっさに考えた「メイ」と「ナツキ」が、今の活動名の由来です。

誰かの役に立てれば、との想いで始めたわけですが、書き進めていくうちに、私たち自身にとっても気持ちを確かめ合う大切な場所になっていきました。東京と八ヶ岳という距離も含めて、想いのままに会える関係ではありませんでしたし……。そしていつのまにか、全世界に公開されている交換日記のような感じになっていきました。

自分自身の弱さと向き合う必要があったため、少し時間はかかりましたが、ナツキ個人で乗り越えるべきものは乗り越え、一足先にメイを迎え入れる準備に取り掛かりました。あとはメイを待つばかりです。

再会から約半年。東京で会った二人は、ナツキ家のお墓参りに行くことになりました。メイは「いつか、家族になりたいと思っています」と、ご挨拶をしました。そしてその夜。自宅でメイがお風呂に入っていると、突然「この日から一週間のあいだに、離婚を切り出しなさい」とメッセージが降りてきました。

それは、一ヶ月後の日付でした。「そうすれば、年末年始でそれぞれの家に事情を伝えることができ、翌年のはじめには離婚が成立して、3月末には八ヶ岳に行けるよ」と。

「ついに来た」と思いつつも、いざ切り出そうとするとなかなか言い出せません。夫とは、もともとメイの感覚的な部分を理解してもらえない虚しさがありましたが、第二子を産んだあとはさらにお互いの心がどんどん離れていき……当時、夫婦としての関係はとっくの昔に破綻していました。でも、何かが起こって感情的になった勢いで「もう離婚よ！」と言えればいいのですが、冷え切った夫婦間に何かが起こるわけもありません。

今日こそは、明日こそは、と時間だけが過ぎていき、ついに期限の最終日。遅く帰ってきた夫が一人食事を済ませたタイミングで、意を決して夫に離婚の意思を伝えました。

夫からの異論は特にありませんでした。

ただし子どものことはしっかりと話す必要があったので、そのための時間は必要でしたが、振り返れば宇宙からのお知らせ通り、年末年始には両家に事情を伝えて、2月に離婚。

そして3月最後の日、メイは子どもたちを連れ、八ヶ岳へ引っ越しました。

すべての試練の先にあった「本当の幸せ」

再会してから約一年後、今度は二人の子どもとともに移り住むために八ヶ岳にやってきました。家族のかたちを変えるにあたり、やはり一番気にかかっていたのは愛する子どもたちのことです。

実際のところ、子どもたちとナツキとの関係性は、はじめから良好でした。まだ子どもが小さかったから、というのもあるかもしれません。

とても安心したけれど、小さい人たちなりに不安や悲しみや寂しさを隠すことだってできます。なので、メイもナツキも子どもたちとの対話を心がけ、家族4人それぞれの胸のうちをさらけ出し合う時間を、積極的にとっていきました。時にはみんなで涙することもありました。

4人のエピソードでとても印象深いのが、家族となった翌年、初めて皆で台湾に旅行をしようと計画を立てた時のことです。

まさかの当日、出発の成田空港で「臨月の方はご搭乗いただけません」と言われてしまったのです。そう、メイのおなかには、新たな命が宿っていました。念願だったナツキの子どもです。

メイとナツキは、泣く泣く旅行をキャンセルしようとしました。しかし、長男は「せっかくだから行きたい」と言い出したのです。かたや次男は「行きたくない」と言いました。考えたナツキは「僕と二人で行こうか？」と提案。長男は頷いて、男二人旅に出ることを決めました。

留守番の次男は、大好きなお母さんと二人きりでディズニーランドを楽しむことに。結果的に二手に分かれることになったけれど、それぞれにとても良い時間を過ごすことができました。そして、この出来事を境に4人の心が一つになれたような気がしたのです。

そこに新たにやってきた、5人目の家族。三男の存在が、ナツキを男として父として、さらに強く逞しく成長させてくれたように感じています。

メイが子どもたちと八ヶ岳に移り住む、ずいぶん前のこと。一度だけ、東京から山梨を車で往復するデートをしたことがあります。その道中、メイはナツキに「あなたの子どもを産んであげたいと思っている」と告げました。ナツキのそれまでの人生、お付き合いした女性のなかには「子どもを産む」ことを人生の目標に掲げている人は何人かいましたが「あなたの子どもを産んであげたい」と言ってくれる人は初めてでした。とにかく驚きましたが、それ以上にナツキの心が震えていました。メイのあたたかくて大きくて優しい想いに触れて、感激が止まらないのです。全身全霊をかけてメイに尽くすとあの時、宇宙に誓いました。

迎えた出産の時。喜んで立ち会うつもりで分娩室に入りましたが、ナツキは自分の足がすくむのを感じました。わかっていたつもりだったけれど、新たな命を産み出すことは母体の命をかけることなのだと、その時ようやく理解したからです。子どもを望んだことを正直、後悔しました。もしかしたら……。続きを想像しただけで、耐えられない。現実から目を背けたくもなりましたが、その瞬間もメイは新たな命と真正面から向き合っています。祈ることしかできないけれど、目を背けずに必死に祈り続けました。どうか二人とも無事で。どうか元気に産まれてきて――。

大きな泣き声が響き渡りました。メイも無事です。ナツキはとにかくホッとして、ようやく会えた我が子に目をやると、なんと向こうもこちらを見ていたのです。まるで「ナツキ。よく逃げずにそこにいたな！」とすべてを見透かされているような気持ちになり、思わずその場に直立しそうになりました。

現在、その時に生まれた三男は6歳になりました。メイとナツキが出会ってから15年、家族になって7年が経とうとしています。ツインレイ夫婦だからって揉めないわけじゃないし、ケンカがないわけでもありません。人生、山あり谷ありです。

でも、二人でいればやっぱり楽しいし、話さない日はないし、お喋りするといつまでも話題が途切れません。何があっても絶対に大丈夫だと、確信しているんです。それはやっぱり、魂の根元でつながっているからだと思っています。

これが私たち、メイとナツキの物語です。

ツインレイカップルといっても、出会いや状況、結ばれる過程はそれぞれ違います。それほど障害もなくすんなり結ばれるカップルもいれば、何年にも渡って苦しい状況が続くカップルもいます。また、困難やつらさの感覚も人それぞれに違うので、まさにその有り様は十人十色と言えるでしょう。

それでも、私たちのリアルを知っていただくことが、何かのヒントや気づきのきっかけになれば嬉しいです。

次の章からは、私たちに寄せられるツインレイに関するさまざまなお悩み相談にお答えしていきたいと思います。

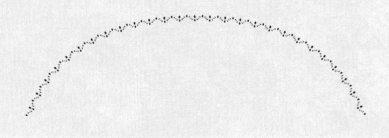

Chapter 3

ツインレイ お悩み相談室

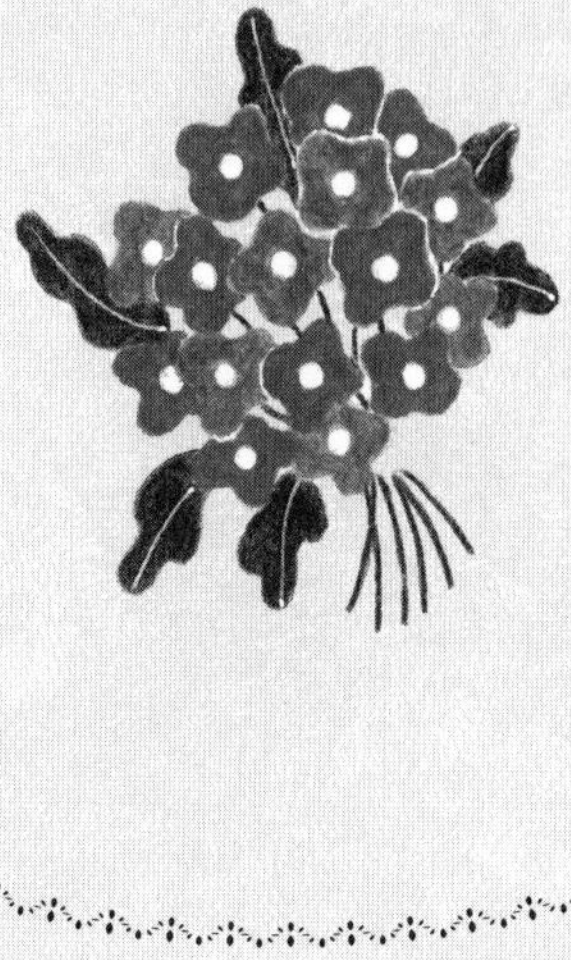

結婚しているのに、ツインレイと出会ってしまったら？

Q．既婚者です。でも、ツインレイと出会ってしまいました……。
何度も何度も、「一時の気の迷い」「諦めなければ」と自分に言い聞かせてきましたが、離れようとすればするほど、なぜか彼との絆が深まるような出来事が起こります。今では、運命の相手なのであれば受け入れようと考えるようになってきました。でも、今のパートナーもとても大事に思っています。今後どのようにしたらいいのか……毎日行ったり来たりの、混乱の日々を送っています。

A．既婚者の状態で出会ってしまうなんて、混乱しますよね。すごくわかります。
まずは、深呼吸してリラックスしましょう。まだね、何も起きていないはずで、心のなかだけ忙しくなっているだけですからね。今すぐ何かを決める必要もないと思います。そして、一旦、未来は宇宙にお任せをして「今ここにある喜び」にフォーカスしていきましょう。今のあなたが未来を作っていきますから、ツインレイと出会えたことに、喜びと感謝をあなた自身にしてあげてくださいね。

これまでたくさんのツインレイにまつわる質問を受けてきました。

なかでも最も多いのが、どちらか、または両方が既婚者であること。私たち自身がまさにそうでしたから、皆さんの戸惑いや葛藤、罪悪感は、痛いくらいにわかります。

そのような状況で魂の片割れと出会い、存在に気づいてしまうと、巡り合えた喜びを味わうどころか、「どうしよう」が押し寄せます。

家庭を壊すの？　子どもはどう思う？　義理の両親になんて言うの？　誰かを傷つけてまで自分を押し通すの？

今まで考えてもいなかった問題が押し寄せます。もうパニックですよね。苦しいと思います。まずは一旦、落ち着きましょう。方法は色々あります。深呼吸したり運動したり、抱えている気持ちをノートに書き出したり。体を動かし、心を動かして自分のなかを循環させていきましょう。

誰かに聞いてもらえたらいいのですが、ただでさえツインレイは誰かと共有するのが難しいのに、既婚となるとなおさらですよね。誰でもいいから聞いてほしい、そんな時は、私たちのＹｏｕＴｕｂｅのコメント欄に書き込んでいただくのもいいと思います。仲間がいっぱいいますよ。

そして少し落ち着いたら、今、ここにある喜びに意識を切り替えて、感謝しましょう。たった一人の存在に出会えたということはとても素晴らしくて奇跡的なこと。苦しさばかりにフォーカスし続けていると、相手の存在こそが自分の不幸の始まりとなりかねません。せっかく、時空を超えて永い時間をかけて巡り合えたのですから、悲しむなんてもったいないですよね。

だから、すべての「これからどうする？」はさておき、せっかくですからツインレイの奇跡を味わい、感動を噛み締めていきましょうね。そして素晴らしい宇宙のはからいに、心からの感謝をしていきましょう。

今のあなただから、出会っている奇跡を感じて。

自由の効かない関係は、ほんのちょっとのことですら思うようにできなくて、八方ふさがりのような感覚になっちゃいますよね。

「こんなことになるなら、出会わなければよかった」

と思ってしまう時もあるかもしれません。宇宙を恨みたくなること、私たちにもありました。「どうして今……」と何度も自分に問いかけたりもしました。でも、現実にこうして出会い、お互い気づいてしまったということは、二人の魂が今世で一つになることを、強く望んで生まれてきたということだと思うんです。

どんな状況であったとしても、出会えたことは本当に素晴らしい奇跡の塊のようなもの。宇宙はあなたに今、出会って欲しいとタイミングを授けてくださったのです。今のあなたが納得できなくても、魂レベルでは、すでに打ち合わせ済みの話でもあるのです。ということは、そのなかに必ずできることが用意されていると思うんですよね。

私たちの場合は、宇宙が与えてくれた奇跡を忘れたくないと思い、匿名でブログを立ち上げ、ツインレイカップルの実情をリアルタイムで発信していきました。すると同時に、それぞれの想いを確認し合うということにもなって二人の関係を支えてくれることになりました。

私たちはいきなり二人で始めてしまいましたが、一人でできることも宇宙は色々と用意してくれているはず。ツインレイは、自分を高めていくことが相手との距離を近づけていくことでもあるのです。

何をするかは、必ずあなたに直感として宇宙が与えてくれます。宇宙を信頼するということは、あなた自身、そしてお相手のことまで信頼することでもあるのです。そしてあなたの心は、あなたのもの。現実世界がどのような状況にあっても、心でどんな世界をイメージするかは誰にも縛られません。あなたのイメージのなかは今ある世界から飛び出すレッスンだと思って、すべての制限を取り払い、最大限自由にイメージしていきましょう。そして、そのイメージの世界を思い切り楽しんでいいのですよ。

すると宇宙が、思い描いた未来にたどり着くための道のりを、良きように整えてくれます。大事なのは、プロセスではなくあなたにとって幸せなゴールを自由に楽しく設定することです。

当時、私たちが心がけていたのは、宇宙が応援したくなるような在り方をすることでした。私が思っていた応援されるシンプルな方法が「自分に嘘をつかない」「直感をすべて受け入れ、行動に移していく」ということだったのです。

例えば、ナツキと再会した直後にメイがインスピレーションに従って事務仕事を辞めたのも、宇宙語を話すことをオープンにするのも、インスピレーションを受けたことを行動に移すことがメイの宇宙に対する忠誠心だと思ったから、拒否せず実行しました。これらはかなり勇気を使いましたが、やってみたら、思いもしない世界が開いてきてたくさんの方に喜んでいただけて、結果として良いエネルギーが自分自身に循環するようになりました。

ナツキも八ヶ岳という土地を知れば知るほど自身の故郷のように想いはじめ、この地にたどり着けたことに感謝し、この街に貢献したいという思いでシェフ業に従事するようになっていきました。都内にいた頃の「名声を高めたい」といった自分ファーストな意識はいつの間にかどこかに消え去っていました。

宇宙の大いなる存在への感謝と敬意。そして今生かされ、出会わされていることへの信頼を行動に移すことが、宇宙への働きかけとなり、いつか自分へと還ってくる。これが宇宙の法則なのです。

単なる浮気や不倫とどう違うの？

Q．相手や自分にすでにほかのパートナーがいる場合、いくら「ツインレイ」と言っても、状況的にはいわゆる浮気や不倫と変わらないように思えます。違いがわかるポイントなどがあれば教えてください。

A．おっしゃる通り、状況だけ見れば変わりません。自分のなかには、違うという確信があるんです。でも「何が違うのか」と言われると……正直なところ、悩んでしまいます。

浮気や不倫は、私たちの生きているこの世界の社会通念的には許されないことですし、現在のパートナーや周りの人たちを傷つけてまで、この想いを押し通すべきなのか、それだけの価値があることなのか……と悶々と悩まれている方は多いと思います。もちろん私もそうでした。

当事者であった私たちは、今でも「浮気や不倫は良くないこと」と思っていますし、その状況をあと押しするつもりはありません。ただ「ツインレイと巡り合えた」という確かな感覚を、ほかの誰でもない自分自身が信じているのならば、せっかくこの星に生まれてきたのですから自分に体験させてあげたい、とも思っています。


最初はツインレイだと思っても、結果的にそうじゃなかった……という場合も、可能性はゼロではありません。私たちもその可能性は常に感じていました。だけど、心が動いているまさにその時、本当の自分が顔を出したがっているような感覚があります。今まで心の奥に隠れていた、小さな頃から存在している素直で無邪気な私の心。出会い、気づき、好きだという気持ちがあふれてくる。実際に、自分の内側で起きていることなのに、それを自分自身が信じてあげなくて誰が信じるというのでしょうか。

「浮気や不倫になるから」と言って、苦しくても諦められるなら、当然諦めていたでしょう。

でも、想いは思考以上に、どんどんあふれてくるのです。自分で自分にびっくりするぐらい制御が効かなくなります。地球次元の自分に加えて、宇宙次元の私が現れ、そのうちどんどん、宇宙的な目線になってくる。長い宇宙の旅路のなか、やっとこの星で出会えたこの奇跡を地球的な理由で諦めることなんてできない……。ほかの誰でもない、大切でかけがえのない自分自身が動きたいと思ったのなら、「心のままにやってごらん」と言ってあげたいと思ったし、そういう自分を許したいと思いました。もしも違ったら、そのまま「違ったね」と受け入れればいいと思ったのです。

本当の答えは、この肉体を手放した時にわかることかもしれないけれど、その時に答え合わせができればいいかな、と、「本物のツインレイかどうか」という問いも、ある意味手放していました。ツインレイという存在は、私に大きな勇気と、生きる意味を深く心の奥までノックしてくれた。私という人間に本気でスイッチが入った瞬間でもあったのです。

この問題を抱えているあなたに、何か参考になればと、メイが宇宙から降ろしたメッセージを送ります。

今、置かれている状況が
地球で定められた何か
あなたの住んでいるところで
定められた何かであったとしても
宇宙にはそれほど問題ではありません
あなたに必要なことが起きて
必要な状況が起きているだけなんです

そのなかで葛藤することだったり
不安になったり
どっちかな？と思うこと
それすら本当の美しい光を見るための

手放さなきゃいけないものだったり
不要なものが出てきていると思ってください

不安な感情
どっちかな？と思うような気持ち
揺れ動く心
それらはすべてあなたのなかに起きてきている
揺らぎのような、幻想に近いもの

雨が降ったあとに暑くなると
水蒸気が上がってくるように
少し目の前を見えなくしてくれるもの
いずれあなたのなかからそのような迷いは
消えてなくなります

特に今、地球はそのような段階にあると思います
クリアになるまでのモヤの部分
私たちは状況に関係なく
本当のあなたの望む道へ進んでいいのです
そうすると周りがついていきます

あなたの求めているものは
なんですか？
ただ純粋に
星たちが星の周りを回るように
私たちも迷わず回っていいのです
本当に行きたい道へ
ただ純粋にまっすぐに歩いていいのです
今、迷っていることすら
懐かしく思うかもしれません

相手がツインレイの存在に気づいてくれない時は？

Q．自分は相手がツインレイだと気づきましたが、向こうはなかなか気づいてくれず、いつ気づいてくれるのかと、ずっと苦しい思いをしています。そのような場合は、どうしたらいいのでしょうか。はっきり伝えたほうがいいのでしょうか。どうにかして相手に、自分で気づいてもらう方法はないですか？

A．ふふふ。気持ちはとってもわかります。まずね、あなたが気がついたタイミングがあるということは、相手にもベストなタイミングがあるということ。そのタイミングを信じてあげることがとても大切です。本当にツインレイであるならば、必ずいつか、道は開けます。

ツインレイという感覚は、頭で理解するものでもありませんよね。ツインレイであることを説明しても、お相手が心の奥から深く感じられるようになるかは、お相手のタイミング次第なのです。ツインレイという関係性はもっと宇宙的な意識のなかで起こること。宇宙はあなたが思う以上に完璧です。今起きていること、お相手に起こっていることもすべて宇宙の采配で完璧なタイミングのなかにあります。

「自分は気づくことができたのに、どうして何も進まないの⁉」

そうヤキモキしてしまうのはとてもよくわかります。だって早く気づいてもらってハグしたいですよね。

私たちにも、お互いがツインレイと気づくまでには時差がありました。メイが先に気づいて、その一ヶ月半後にナツキが気づいたのですが、その間はメイにとってとても苦しくて辛い時期でもありました。ナツキが気づいてくれて、そこからようやく、一気に物事が動き出しました。互いに気づかないことには始まらないのが、ツインレイ。だから、「早く気づいて〜〜！」と相手を急かしたくなってしまう気持ちはとってもわかります。

でも、ツインレイとは宇宙的な感覚です。

あなたの魂を導き、この星にやってきた本来の意味を思い出す過程のなかで起きてくる感覚でもあるように思います。そしてこの星、地球では肉体を持って生まれてきています。赤ちゃんに、「今すぐ歩いて！」と言っても無理なように、気づくまでのプロセスがどうしても必要なのです。

ナツキが気づくまでの間に、メイは、

「私がツインレイとともに歩むことが必要ならば、宇宙は必ず導いてくれる」と、ナツキと宇宙に１００％の信頼を寄せました。

ただ、そうは言っても不安です。せっかちなメイは、ただずっと待ち続けるのは耐えられません。もう一度、ナツキと会う約束を取り付けました。そして次の約束までの間、宇宙からの指令である直感に全部従ってみようと思いました。頭で考えていても仕方ない、ということは、それまでの体験からわかっていました。ここは今までやっていたこととは真逆の、どうなるかわからないけれど、感覚だけの世界に舵を切ったのです。ひたすら感覚に従って動く毎日。勇気を振り絞り、その度に冷や汗をかきながら、何かと脱皮していっている自分を感じていました。

ナツキはというと、メイがツインレイであると気づいた瞬間から、思考がフリーズして何も言えなくなりました。

ただ「運命の人だ」「でも、どうしよう」の二つだけがグルグル回っていて、完全にお手上げの状態に陥ったのです。それまで饒舌だったナツキは突然黙りこくってしまいました。

運命の人に気づいたという感覚がナツキにとって揺るがない軸になりました。その後ふとした拍子にメイがすでに気づいていることがわかり、ナツキ自身も自分の感覚に確信が持てた瞬間でもありました。お互い無意識のうちに、これから先のことを、すべて宇宙に委ねていたのでしょうね。

この件、宇宙語でチャネリングをすると「**相手が気づいていない、と思い過ぎないことです**」とメッセージが降りてきました。そして「**地球上のことですから、どうしても時差はあるものです**」とも。つまり、今ある状況は、起こるべくして起こっているのだ、と私たちは理解しています。

メイとナツキは初めて出会ってから、存在を確認しあうまで7年のブランクがありました。

その期間はカップルによってそれぞれですから、一概に長いとも短いとも言えませんが、可能性を考えれば、ツインレイだと気づかないままにそれぞれの人生を生きていくこともあったはず。

でも、本当に小さな偶然を積み重ねた先に、たまたま連絡を取ることになり、再会の運びとなり、今に至ります。

改めて振り返っても、何か大きな宇宙の導きがあったからこそ気づけたように思います。やはりツインレイであるならば、宇宙は必ず道を開いてくるのではないかと思ってしまいます。

正しい道へと続く扉は、あなたが気づいたその瞬間から開き始めています。

あなたが存在しているこの宇宙は、あなたが思う以上に完璧です。目の前のことに必要以上に惑わされることなく全幅の信頼を寄せて、出会えた奇跡、気づけた感動に意識を向けましょう。

「偽ツインレイ」が現れたら？

Q.「ツインレイ」かと思ったら違った、「偽ツインレイ」という場合もあると聞きました。それって本当ですか？　違いを見分ける方法はありますか？　出会ってしまったら、どうするのが良いのでしょう。

A.「ツインレイのように、心を奪われてしまうような魅力的な方」、そんな存在に出会ったとしたら、それはツインレイに気づくための大事なステップです。ツインレイに気づくということは、人生を大きく変化させるということ。変化させるということは、自分のなかの許容範囲を広げていく必要があるのです。それに対応できるように、心をほぐしてくれる役割を担ってくれているように思います。疑うより、今あなたが、好きと思う心に従って行動してみましょう。

実は私たちにも、それぞれに「偽ツインレイ」のような存在がいました。

メイと再会する直前、ナツキには、大切に想っている彼女が存在しました。自分のなかに「この人こそが運命の人」という確信めいたものがありました。彼女とは人生におけるシンクロもたくさんありましたし、それまでの恋愛とは全く違う出来事が続き、この人しかいないという思いが募るお相手でした。

でも、結果的に振られてしまいました。実は、その前にも二度お別れをしています。どうしても諦められなくて、ナツキのほうからアプローチしてもう一度お付き合いしたのですが、やはりダメでした。運命の相手と信じてやまなかったからこそ、とてつもなく苦しい別れでした。

ナツキの人生のなかで、それほどまでに一人の女性に執着したのは初めての経験でした。根本的に打たれ弱い人間なので（笑）、一度ダメなら二度目はない、というのが基本スタンス。にもかかわらず、その女性のことは諦めきれなくて、再三アタックしたのです。

言うなれば、彼女と出会う前までのナツキの心は凝り固まっていました。はじめの結婚生活にピリオドを打ち、その罪悪感を抱えながらも見ない振りをするように、仕事に集中していきました。彼女の存在は、そんな心を解きほぐしてくれたのです。

誰かに恋をして、好きだという感情に揺れ動き、これまでの自分を破壊して、想いのままに突き動く経験をさせてくれました。

もし、この経験をしないままにメイと再会していたら……。

もしかすると、心よりも頭を働かせてしまい、ツインレイということに気づくことはなかったかもしれない、と思うのです。あるいは、何らかの拍子に気づけたとしても、おそらくナツキにとっての「既婚」「子持ち」という禁忌を越えてでも一緒になろうという、強いエネルギーは沸いてこなかったんじゃないかと思います。

メイは、ナツキと再会する前に友人から「ツインレイとの出会いが近い」と言われ驚愕しました。そんな相手に出会ってしまったら、嬉しいかもしれないけれど、すごく困る……という戸惑いがとても大きかったです。

もともとスピリチュアルな世界が大好きだったし、これから先はもっとその世界に身をおいていきたいと考えていた頃だったので、そんな想いを理解してくれる人がいたらいいかなぁとは思っていましたが、そこまでパートナーを望んでいたわけではありませんでした。

でも実は、友人に言われるちょっと前から、スピリチュアルに理解のある男性と立て続けに出会うようになっていたのです。

なかには、「良いな」「この人のことを好きかも」と感じる人もいたのですが、進展する様子は何もありませんでした。

でも、想像のなかだけではなく、実際にイメージしたパートナー像に近い男性と出会えたことで、「こういう話ができる男性は実在する」ことがわかり、自分の心があたたかくなるのを感じていました。

また「スピリチュアル」と一言で言っても、さまざまな系統や方向性、考え方があるわけで、その嗜好がフィットしなければうまくいかないことも理解しました。だからこそ、ナツキと再会した後、彼が私の宇宙話をわからないながらも否定せず、すべてきちんと受け止めて包み込んでくれることの尊さに気づくことができたのだと思うのです。

私たちがそうであったように「偽ツインレイ」は、本物のツインレイと出会う前に現れ、ツインレイに導いてくれるソウルメイトのような存在です。

でも、出会った段階では、**偽物か本物かを見極める必要はないと思います。**

あなたがその人を、今、愛しているというその気持ちは真実です。あなたの心のなかには、必ずツインレイへの道が記されています。なので、今ジャッジするよりも、ハートに従った方が、本当の道へと導いてくれるのです。

あなたに起きていることに、無駄なことは一つもありません。それはあなたの魂を成長させ、拡大し、本来の道と導いてくれる大切なステップ。たとえ「偽ツインレイ」だったとしても、それがあなたにとって、大切な魂の学びの体験となるはずです。

「偽ツインレイ」という言葉は、まるで相手が自分を騙しにきているような印象を受けますが、実際のところは「呼び水ツインレイ」なんじゃないか？　と私たちは考えます。

うまくいかないことを経験することは、うまくいくための必要なステップでもあります。自転車に乗れるようになるにも、最初からうまくいくことは難しいですよね。魂も、あなたのボディを乗りこなすために、さまざまなステップを踏みたいと思っているのです。

ツインレイにまつわるすべてに言えるかもしれませんが、大切なのは自分の心に従うこと。そこにツインレイにつながる地図が隠されています。

「ツインレイ」ならぬ「トリプルレイ」ということも?

Q. 同時に二人の人が気になっています。これまでの人生でそんなことは決してなかったのですが、どちらの人にも、過去世からの縁のようなものを感じてしまいます。「トリプルレイ」の可能性も、ありますか?

A. 可能性としてはあると思います。ただ、ツインレイは自分にとっても、お相手にとっても、最高のパートナー。あなたとそしてお相手お二人ともがトリプルレイという関係に心から喜べるのであればそうだと思います。これからゆっくり関係を育てていって、気づき合う瞬間を楽しみにしておきましょう。

最初の章でご紹介した通り、私たち人間はみんな「大いなる一つ」から分かれた光です。最後に二分した片割れこそが「ツインレイ」であり、あくまで最小単位に過ぎないのです。でも、もしかしたら最後に三分している光もあるかもしれませんよね。可能性だけで言えば「トリプルレイ」だけでなく、フォースもサウザンも、何ならミリオンレイだって、可能性としては大いにあるでしょう。

まず、ツインレイであっても、トリプルレイであっても、自分も、そしてお相手も皆気づいた瞬間から物語が始まります。なので、可能性としては色々感じていても、結果、お相手がすべて納得してくれないことにはツインレイもトリプルレイも成立できないのです。

それからもう一つ、あなたが二人のお相手の間で揺れている、あるいは二人ともに自分の運命の相手であると感じているのと同じように、お相手が自分ともう一人との間で心が揺れていたり、二人ともに自分の運命の相手であると感じていたら、どんなふうに感じるでしょうか？「素敵！」と思うでしょうか。「嫌だ！」と感じるでしょうか。

ちなみに私は、結構嫉妬深いので、無理かなぁと思います（笑）。

どうしてこのような問いかけをしたかというと、ツインレイは「もう一人の自分」だから。自分が感じていることは、相手が感じていることと同じなのです。
だから、嫌だと感じたのなら相手も嫌だと感じていますし、「素敵！」と思えたのなら、トリプルレイの可能性はありますよね。

概念を知らない間に、同等に愛しい人が二人現れた時に、心の奥底から沸き上がるように、どうしても三人でないとならない、私の宇宙はそうでないと完成されないという強い確信とともに「トリプルレイ」を感じられる方がこの地球上に存在していると思うとワクワクします。宇宙って自由ですし、人間としての自分の概念を打ち破ってくれることがツインレイの関係性は多々ありますから、あなたのなかの思い込みを外してくれたのなら、それは素晴らしい体験になると思います。

最終的にはツインレイもトリプルも、大切なのはあなたの感覚が何より大事だということ。

メイが宇宙語でチャネリングすると、次のような言葉が返ってきました。

魂には役割があります
その時、そう見えることが必要であるならば
それはトリプルレイとして存在するでしょう
それがあなたの魂を
前に進めさせるために
その状態が必要であれば、それは存在すると思います
大事なのは、ツインレイかトリプルレイかではなくて
その両方、どちらであっても
あなたは魂の望みに近づいていかなくてはならないのです

今、その状態がトリプルレイに
見えているのであれば
その力を使って前に進んでください
トリプルレイかもしれないってことを

解決するために動いてはいけません
なぜならば
あなたはその今の状態を感じながら
あなたの人生を、魂レベルを引き上げるために
その状態が起きているのです
なので、起きている状況を信頼してください

そして状態が永久であるか？　否か？
そこはあまり考えなくてもいいと思います
なぜならば、私たちはいつでも流れていて
いつでも前に進んでいる存在です
いろんな光である魂たちと私たちは
ともに歩んでいます
なので、いろんな光が同じように見えたり
どちらかが光ったりすることは、

よくあることです

自分がおかしいのか？
と迷う必要もありません
今は、そう見えているあなたを
信頼されたらいいのです
あなたを応援する光が今は、二つある
そう信じていきましょう

そしてあなたは大きく魂レベルを
引き上げる時にいらっしゃっていることを自覚して
自分のためすべきこと
自分の向かう世界
そこを、しっかりご覧になられて
前に進まれること

それが、今起きていることのサインだと思ってください

このメッセージにもあるように、やっぱり結局は、自分自身に戻ります。

二つの存在に光を見出せるなんて、相当エネルギッシュな状態にある証拠です。

ぜひ、そのエネルギーを自分自身に向けてください。二人の間で揺れるあなたの心をしっかりと感じ取り、受け止めること。そこから「じゃあ、自分はここからどうしていきたい？」と問いかけて、心の声を感じ取ってみてください。

問いかけの答えはすぐに出なくていいんです。

どうにもならないモヤモヤのなかにいる時間こそ、人間である自分を大きく育ててくれる時間だと私たちは考えています。

モヤモヤは未来に続く長いトンネルのようなもの。歩みを止めない限り、いつか必ず通り抜けることができます。

そして、その答えが出た時、きっと質問の答えにもたどり着けるはずですよ。

ツインレイとの年齢差が気になる

Q. ツインレイの彼は20代で、私は40代。紆余曲折を経て付き合うことになりました。二人だけでいる時は全然年齢差を感じず、お互い自然体でいられますが、周囲の目はそうではありません。歩いていてもカップルには見られないし、家族や友人に話しても、ポジティブな反応をもらえたことがありません。このまま成就すべきか、悩んでしまっています。

A. 二人の関係がとても自然体で心地いいのであれば、素晴らしいことだと思います。周囲の目が気になるのは、今、宇宙が見せてくれているだけなのです。「本当はあなたはどう思っているの?」「誰が好きなの?」そう問いかけられているように思います。これはあなたが誰かの目を気にしてしまうというクセを手放す大きなチャンスですね。自分のなかのあらゆることに対する枠組みを飛び越えてこそ、つながれる相手。それがツインレイです。今起きていることは、これから二人が幸せの道を歩くためのプロセスのようなもの。最初は違和感を感じている周りの方も、時が経てば落ち着いてくると思いますよ。

ツインレイにおいて年齢差が大きいというのは、結構良くあること。私たちのところに相談を寄せてくださる方々のなかには、17歳差とか22歳差とか、時には親子ほど年の離れたカップルもいらっしゃいます。参考までに、メイとナツキは7歳差。離れてはいますが、ほぼ、同い年ぐらいな感覚です(笑)。

私たちくらいの年齢差であれば、それも、互いにいい大人であれば、さほどギャップは感じません。しかし、前述のようにその差が開けば開いていくほど、当事者でないとわからないさまざまな苦しみがありますよね。

周囲の目は、意識せずとも突き刺さってくることがあります。自分はこんなに歳をとっているのに、若い子に手を出して……とか、反対に、あんなに歳が離れた人と一緒になるなんて、どうせ遺産目当てでしょう……とか。私たちですら、離婚して再婚した時も、色々な思いを周りの方は感じていたようでした。

ツインレイは、ただ二人が巡り合って「好きだよ」「愛しているよ」とラブラブするだけの関係性ではなく、どうして今世で会わされているのか、という原点に戻ることが大切なように思います。

愛し合うことは宇宙からのご褒美のようなもので、宇宙にツインレイと出逢わせてもらったということは、いよいよ「魂の本来」の目的への道を歩み始めたということでもあります。魂の成長を促して、二分する前よりも大きくて強い光となることを目的としています。だから、ツインレイはいつも何かしらの課題を持っていることが多い気がします。

課題の種類は、人によって全く異なります。そして段階を経て、変化してくることも特徴です。私たちの場合は、そのファーストステップとして、出会った時に、お互い、超えなくてはいけない課題を持っていました。メイの場合はナツキが飲食業であることや子どもを切望しているという点、ナツキの場合はメイが既婚&子持ちだという点、そして質問者さんの場合は相手との年齢差が大きく世間体が気になる点。共通しているのは「嫌だな」「避けたいな」と、できる限り人生のなかで通りたくない道を相手が持って現れるので、出会った時の衝撃も普通の恋愛より大きいのかもしれません。

なぜ、避けたいことが課題になるのでしょうか。

それは、自分のなかの避けたいこと、怖いこと、の奥に、自分にとっての宝箱である魂の本質を隠していることがあるからです。

ツインレイとは自分を魂が求める本来の道へと導きサポートしてくれるお相手。自分のなかにあるあらゆることに対する枠組みを飛び越えてこそ、自分の本質とつながっていけるのです。つまり、年齢差に対する思考の枠組みを取り払う＝自由になるために、年の離れたお相手が姿を現しているというわけですね。

ちなみに、メイは自分に対して非常に強く、「離婚は絶対にしない」という枠を設けていました。でも、結果的にその枠を取り払わなければ一緒になれないナツキと巡り合いました。

そうやって一つひとつ、自分のなかにある、さまざまな枠を取り払っていった先に何が待っているのかというと、自分自身として安心して生きているという素直な幸福感です。

今まで、どれほど、偽った自分で生きようとしていたのか、思い込んだ自分で生きようとしていたのかがよくわかりました。素直な自分ってこんなに楽で安心できて、幸せでいられるなんて。ツインレイと結ばれると、今まで、無意識で着ていた鎧《よろい》が剥《は》がれ、これまでに感じたことのない安心感と幸福感で満たされるのは、私にとって未知の世界でした。


嫌だから、と言って回避するのは簡単です。それに回避した先の世界も今まで通りなので想像がつきますよね。

でも、避けずに立ち向かった先の世界はどうでしょう。想像できるでしょうか。そこにはツインレイだからこそたどり着ける、まだ見ぬ世界が待っているのです。

さあ、あなたはどちらを選択してみますか?

苦しくないとツインレイじゃない？

Q. 私もいつかツインレイと出会いたいと切望しているのですが、ツインレイについて調べていると、なんだか皆さん苦しい思いをしているように思えます。むしろ、苦しくないとツインレイではない、という意見を目にすることもあります。本当にそうなのでしょうか？

A. ツインレイとの間に、苦しさがあるとするなら、それは出産と一緒で陣痛のようなもの。本来のあなたへ還るために、必要なことが起きているだけのことです。そして、たとえ苦しい時を体験していても、心の奥には深い安心感があります。だからこそ頑張れる。その後感じられる光の強さは、ツインレイだからこそだと感じています。

私たちの感覚では、今までの恋愛の苦しさとは全く別世界の苦しみのように感じていました。

ツインレイと出会うまでの恋愛では、片想い中は「どうやったら相手に好きになってもらえるか」を考えるのに必死で、ちょっとしたことで「やっぱり脈はないのかな……」と落ち込んだり。めでたく付き合うことができても、連絡が取れないと「何をしているのかな」「ほかの人と会ってるんじゃないか」「何を考えているのかわからない」と不安に振り回されることばかり。二人で会っている時間でさえも、「もっと好きになってもらうために」と頑張りすぎて……もちろん幸せな時間もありますが、「相手の気持ちがわからない」ということがどれだけ苦しいことか、皆さんも経験があるのではないでしょうか。

好きであればあるほど苦しい。そんな感じがあるかと思います。

一方で、メイとナツキの二人が想いを重ね合わせてからというもの、互いの気持ちに関して不安を感じたことは一切ありませんでした。

好きでいてもらうために自分を無理に着飾る必要もないし、心がこちらを向いているか確認する必要もない。もちろん、相手を疑うこともありません。

二人で並んでいるだけで、とても大きな安心感に包み込まれていくようでした。

とはいえ、ツインレイに気づいてからはすべてがハッピーで、苦しさなんて一切ないよ！　というわけではありません。もう皆さんご存じの通り、私たちが一緒になるためには、乗り越えるべき障壁がいくつもあり、それはとても苦しいことでした。

気持ちを確認し合っても、すぐには行動に移せませんでしたし、関係性を公表できない時期もありました。その過程では思い悩み、苦しむ時間はたくさんありましたが、それを「ツインレイだから苦しい展開になった」と捉えていなかったのです。いかなる局面であっても、苦しいのは「状況」だけであって、メイとナツキとの間にはどんな時でも安心感しかありませんでした。

ここからは、メイの感覚的な話になりますが、その「苦しい状況」というのも、実はすべては宇宙の「お試し」なのではないかと思うのです。

魂の片割れと今世で再び巡り合うことは、誰しもが心の奥底から待ち望んでいること。人生におけるご褒美、と言っていいと思います。

そのご褒美をいただくのに、ふさわしい魂レベルまで到達しているかどうかを、宇宙が確かめるための最終確認テストのような出来事が、メイにもナツキにも、それぞれに起きていたのです。

イメージとしては、どれだけ揺らしても耐えられるかどうかをみる、住宅の耐震テストのようなものでしょうか。


メイの場合は、ナツキに気づいてもらう前に二段階に分けて起こりました。

はじめは宇宙語のダウンロードを通して、今までの自分とは逆方向に舵をきるための決意ができるかどうか。そして、事務仕事を退職する時に、ちょっとした行き違いで揉めてしまった時にどのような対処をするか。

ナツキは「運命の人」と思い込んでいた女性との、少しこじれかけたお付き合いに、きちんと終止符を打てるかどうかが課題でした。

いずれも、これまでの自分とは正反対の対応が求められました。

いつもと違うことをするのは、本当に大変です。でも、その大変さや苦しみを飲み込んで、二人ともに無事クリア。宇宙からのテストをパスしたちょうど一週間後、ナツキがメイこそ運命の人であることに気がつきました。「おかえり」「ただいま」の瞬間を経てからは、何が起きても大丈夫としか思えませんでした。

つまり、二人がツインレイとしてつながっている証拠は、過程における苦しさよりも、一緒になってからの揺るぎない安心感のほうだと思います。

ツインレイの在り方は人それぞれであり、本書に書いているのはすべてメイとナツキに起きたこと、としたうえで、さまざまなエピソードや考えをお伝えしてきていますが、つながっている証拠に関しては、全ツインレイカップル共通と言えるのではないでしょうか。

その深い確信と安心感は、生涯続くもの。自分たちで気づき、乗り越え、そしてともに過ごしてきた経験は二人の絆をぎゅっと強めてくれます。ただ苦しいのではなく、それが絆が深まるプロセスだとしたら、ちょっとワクワクしますよね。

ツインレイに出会ったら、必ず気づく？

Q. 自分のツインレイに出会ったら、必ず気づきますか？　気づかないまま人生を終えてしまう、ということもあるのでしょうか。

A. 気づかないままという場合ももちろんあるでしょう。でも、ツインレイを求めているあなたならば、宇宙は必ず願いを叶えてくれるはず。ツインレイに気づくために大切なのは、自分で決める、ということです。いざ出会った時にちゃんと気づけるよう、普段から自分の心が何を求め、何を感じているのかわかるように、感度を高めていきましょう。

誰でも必ず気づく、とは言えないと思います。冒頭で紹介したリサさんが降ろしたメッセージのなかにも「ほかの方と恋愛をしている時に、それをツインレイが邪魔をすることはありません」とありますし、私たちの見解としても、気づかないまま生涯を終える場合も、もちろんあると思っています。

私たち、メイとナツキの場合には友人の期間がありました。

もしもその期間、それぞれの婚姻関係がある程度うまくいっていたとしたら……？　それでも、最終的には違うタイミングで結局一緒になったとは思いますが、もしかすると、そのままずっと忘れられない特別な友人のままだった可能性も、ゼロではなかったのではないかとも思います。

また、ツインレイとは知らないままに結ばれて、おじいちゃんおばあちゃんになってもずっと仲良しのまま二人で光に戻っていく……というカップルは、実際にはたくさんいらっしゃいます。

そういうお二人は、自分たちも知らない間にツインレイとしての使命も果たしているのだと思います。だから、必ず気づくとは言えませんし、必ず気づく必要はないのかもしれません。

ただ、本書を手にとってくださったあなたは、

「ツインレイと出会いたい」

と強く願っているはずです。だとしたら、気づかないまま終わる可能性は非常に低いと思います。

テレビやラジオと同じように、アンテナを立ててチューニングを合わせておけば、出会った時に気づけると思いますよ。

ツインレイでいうところのアンテナとは、自分。チューニングするのは、自分自身の心です。

実は、ツインレイは自分で決めるというのが、一番大事なポイントなのです。

よく「今のパートナーは、私のツインレイですか？」と聞かれますが、私たちは一貫して「そうかもしれない、と思われるなら、『そうだ！』と思ってみてはどうですか？」とお伝えしています。これは決して、適当に答えているわけではありません。本当に、答えはご本人の心のなかにこそあるからです。

今のパートナーがツインレイだと思ってワクワクするのなら、それ以上に素敵なことはありません。そこから新たに見えてくることも、ありそうですよね。

もしも今、特定の相手がいないのなら、次に出会う人こそツインレイ、と決めておくのも面白いかなと思います。それで実際に対面した時、心に迷いが生じたのなら、無理に「この人」と決めつけることもありません。**決めつけは、頭でするもの。ツインレイは心で感じるものです。**心が違うかも……と言うのなら、従えばいいのです。

「自分では決められない！」という時は要注意です。情報を詰め込んで、頭ばかり使ってはいませんか？　自分のハートよりも誰かの意見を優先していませんか？　心はどこかに置き去りになってはいませんか？

相手軸になりすぎてしまっている意識を、自分自身の軸に戻しましょう。

ではここで、メイとナツキがお勧めする、自分自身に意識を向けるための5つの方法をご紹介します。

①生活サイクルを宇宙のリズムに整える

私たちは自然界の生き物であることを忘れていませんか？

もっと自然界に近く、自然とともに過ごすことで、本当の自分に近づき、ツインレイとの出会いを呼び込みやすくすることができるのではと思います。

都会に暮らしていても、太陽やお月様は巡ってくるのがわかりますよね。朝日を必ず浴びるようにして、心地いい朝の時間を感じられるようになれば、夜になると自ずと眠たくなります。

体はとても正直。すぐに自然体へと戻そうとしてくれるのです。

私たち人間は本来、心豊かに満たされている状態こそが自然の状態なのです。幸せに満ちた毎日こそがすべての基盤。しかし、毎日さまざまな事情で忙しなく過ごしていると、生活リズムを皮切りに、あらゆることがなし崩し的に乱れていきます。乱れのきっかけが生活リズムなら、立て直すのもそこからです。

陽が昇ると同時に目覚めて、陽が沈むと同時に寝る……のはちょっと現実的ではないので（笑）、せめて0時はまたがないよう心がけ、できれば22時頃までには休むようにコントロールしていきましょう。

自然のリズムは宇宙のリズム。宇宙軸であるツインレイは、宇宙のリズムを取り入れていくことで自然とそこに向かうようになりますよ。

②あなたという宇宙を感謝でいっぱいに

言ったことはすべて自分に返ってくる、それは宇宙の大原則です。まるで「あの人」が「あの人の言動は本当にひどい」というような誰かの悪口。「あの人を悪いと判断した」悪いように思えるのだけど、よくよく考えてみると「あの人を悪いと判断した」のはあなた自身。結局は、あなたが見ている世界でしかないのです。

あなたの耳は、あなたの口から発せられる言葉を一番よく聞いています。だから誰かの悪口に限らず、仕事であったり生活環境であったり、身の回りのことに対する不平不満を言えば言うほど、あなた自身を責めているのと変わりません。

今のあなたが、未来のあなたを作っています。そしてあなたから発せられた言葉は、あなたを中心に取り巻く宇宙に充満していきます。あなたがこれから感謝するようなことをたくさん受け取りたい場合、あなたの宇宙を感謝の言葉でいっぱいにしていく必要があるのです。

「愚痴を言わないチャレンジ！」というのをゲーム感覚でやってみてもいいですよね。あなたの宇宙をぜひ、感謝でいっぱいにしていきましょう。必ず人生が好転していきますよ。

③この星の美しさを体験しよう

ツインレイの世界はとても美しい世界でもあります。それはシンクロが起き、奇跡が起き、「人生にこんな素晴らしい世界があったんだ！」と衝撃を受けるほど。今まで何とも感じていなかった世界が、突然、美しく感じたり、儚《はかな》く感じたり。すべてに感謝ができるようになったり、ということもあると思います。

あなたがツインレイに憧れるのも、子どもの頃、夢見ていた世界が本当に手にできるかもしれない、とようやくパートナーシップに希望を持つことができたから。そんな方もたくさんいらっしゃるのではないかと思います。本当にその通りなのです。

あなたはすでに、美しい世界に行くことを選択されています。なので、日常にもできるだけ、二人が存在しているこの星の美しい世界を見るようにしていきましょう。大好きな山や海に度々お出かけになられてもいいですし、素敵なペンションに泊まりに行ってもいいですね。美しい水の流れを眺めていたり、湧水を汲みに行くのもいいでしょう。スマホの待ち受けや、いつも見える場所にポストカードを貼ってみたり。

あなたの周りに、心から求めてしまうような、素晴らしく美しい世界をたくさん置いてあげてください。本当のあなたはそういう場所が相応しいのです。

あなたがそのように動き始めると、もう一人の自分であるツインレイにもシンクロが起き始めます。本当の世界を求め始めるような動きをし始めたりするのです。あなたが自分の生きたい未来を選択し始めるということが、ツインレイの道の大きな一歩でもあります。ぜひ実践してみてくださいね。

④あなたのなかのエネルギーに触れてみよう

新しい自分になりたい、変化したいと思う時に、あなたは何かを身につけなくてはいけないと思ってしまうかもしれません。でも、あなたのなかには、無数の素晴らしいエネルギーが山のように存在しています。それをどんどん表に出していくことがこれからのあなたにとても必要なプロセスとなります。その自分の未知なるエネルギーに触れる方法のなかで、最も簡単な方法が宇宙語を話してみることだと思います。

「ええ？」って思われるかもしれませんが、メイはナツキにツインレイだと気がついて、次にナツキが気がついてくれるまでの間に、突然宇宙語を話し始めました。わけもわからず、とりあえず宇宙がくれた課題をこなすかのように、夢中で宇宙語を話したり歌ったりした一ヶ月。それは、メイのなかに隠れていたエネルギーを取り戻すような作業だったように思います。

そんな摩訶不思議なことできない、と思われるかもしれませんが、実はみんな話していたんですよ。生まれたての赤ちゃんが話している喃《なん》語、あれは宇宙語そのものです。出したいままに、声を出す。その世界には間違いがありません。

私たちは意味のない言葉を話すことを、物心ついた時にやめてしまいました。相手に伝わりやすいように、頭を使って話すことを覚えてしまったのです。

でも、なんでもない、意味のない言葉を話してもいいのです。むしろその言葉の中に、あなたのピュアなエネルギーが込められている。それはツインレイのエネルギーそのものなんですね。

ツインレイというのは、もう一人の自分ですから、あなたのなかのエネルギーに触れていくということは、ツインレイのエネルギーに触れることになります。

どうやって話すのか、それはとても簡単で、子どもと遊んでいるような感じで話すことができます。子どものほうが上手かもしれません。

どこか、てきとうな宇宙の惑星にいるということにして、てきとう星人になりきります（笑）。そして、なりきったまま、てきとうな言葉を話してみましょう。最初はパピプペポなどを使って、話してみてもいいですし、英語やフランス語、中国語を話している風、というようなてきとう言葉も楽しいですね。

話していると、恥ずかしくて汗が出たり、笑いが止まらないといったこともあるでしょう。「もうこんなわけわかんない自分になって恥ずかしい！」ということもあると思います（笑）。でも、その頭で考えてもわからないけれど、というのはまさに、ツインレイの世界そのものなのです。

宇宙語を話している間は、思考を使わないので、より感覚的に、直感的になっていくことができます。瞑想に近い状態になれるので、忙しい方にはとても効果的です。通勤途中や、お風呂で、家事をしている最中に、トライしてみてくださいね。あなたのなかにある神秘的な深いエネルギーに触れることができますよ。

⑤あなたの暮らしに宇宙仕事を

メイがナツキと再会した時に、一番に感じたのが、宇宙が私たちを出会わせてくれたのなら、宇宙に貢献できたら私たちを一緒にしてくれるかな、ということです。

私たち人間が生きているなかで、理不尽なことって、たくさんありますよね。思っているように受け取ってもらえなかったり、悲しい思いをしたり、自分だけ損をしているような気になったり。そんなつもりはなかったのに……と、優しいあなたのことですから、それはそれはたくさん涙をのんでこられたでしょう。それが人生のトラウマになっていることもあるかもしれません。

お母さんがあの時、こうしたから……とか、ちゃんと話を聞いてもらえなかったから、など、その原因はあるかもしれませんが、あなたが行ったことはすべて「宇宙仕事」として捉えてみるのはいかがでしょうか。

誰かに何かをしてあげて、お礼も言われなかった……と悲しい思いをしなくても、「宇宙仕事完了！　きっと宇宙に貯金ができているなぁ」って思ったほうがとても楽しくなりますし、嬉しくなりますね。理不尽なことが起きても、あの人の口座から宇宙に貯金をさせてもらえたんだなぁ、って思ったり。宇宙仕事って、どこにでも存在しているんです。憎まれ役もそうかもしれませんね。

あと、ボランティア活動や寄付もそうですし、そして自らの体験をシェアすることも宇宙仕事でもあると思います。特に体験は、宇宙から「あなたなら、この宇宙の素晴らしい世界をみんなに伝えてくれるんじゃない？」と期待されて、体験させられている可能性もあります。特に、メイはナツキとの神秘体験を経験した際「宇宙からまた仕事がやってきた」とその都度感じていました（笑）。

そしてそれは現世界ではすぐに仕事やお金になるものではないのですが、宇宙はちゃんとあなたの働きを見ています。与えたぶん、ちゃんと返してくれようとしているんです。

この地球でのすべてのことが宇宙仕事でもあるように思います。どんなことでも宇宙仕事と捉えることも可能です。あなたが意識するだけで世界は変わっていきます。ツインレイも今世を生きながら、宇宙的なパートナーシップを体験しています。宇宙貯金が貯まれば、必要なタイミングで必ずあなたに払い戻しが起きてきます。すべてはあなたの捉え方次第です。楽しんで感じてみましょう。

以上、5つの行動はすべて私たちの実体験に基づいてご紹介しました。

これらを実践していくと、少しずつ自分の心が何を求めて、何を感じているのかが見えてくるようになります。埋もれていた自分が見えてくるということは、もう一人の自分であるツインレイもまた、見えてくるとも考えられますよね。

迷いのなかで行動し始めて、続けてきた結果が、今だと思っています。

ツインレイも幸せも豊かさも、すべては自分自身を見つめた先にあるもの。どれもあなたの心がけ一つでできることばかりで、費用はかかりません。

ぜひ、試してみてくださいね。

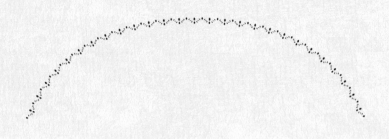

Chapter

4

ツインレイと幸せになる方法

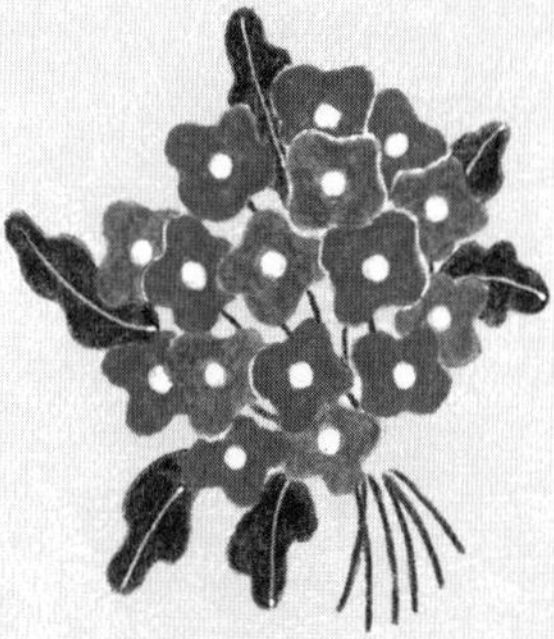

ツインレイの風に乗ろう

私たちが「メイとナツキ」としてツインレイにまつわる発信をし始めて、8年目を迎えます。

開始当時は「ツインレイ」と検索をかけても、少ししか情報が得られませんでした。だからこそ、自分たちの体験や気づきをシェアしていこうと動き始めたわけですが、ここ数年の流れを振り返ってみると、ご自身のツインレイの存在に気づく人がとても増えているのを感じています。

YouTube動画へのコメントであったり、オンラインサロンやイベント、八ヶ岳のリトリートに参加してくださった方たちからのお話であったり、お手紙であったり。それだけでなく、先日ナツキが何十年ぶりに連絡をとった、スピリチュアルとは無縁の友人にポロッと「ツインレイ」という言葉を発したら、「何それ?」とはならずに「自分もツインレイに出会いたいものだよ」と普通に会話が続いたのです。ツインレイの認知度は確実に上がっているようです。

普段、スピリチュアルに特に興味がないような人たちの間にも、少しずつ知れ渡っている段階にあるのだとしたら、**ツインレイ人口は今、加速度的に増加しています。**

なぜ今、そういう流れにあるのか。私たちなりに考えてみました。

かつて、安定こそが幸せであると言われていた時代がありました。まさに、私たちが生まれ育った時代です。学歴や収入を条件に結婚相手を選ぶのが、当たり前。夫とのちょっとした性格の不一致なんて、誰を相手にしたって起こるものとして、むしろ「耐え忍び続けること」が美徳とされてきました。

でも、昭和から平成、平成から令和へと時代の移り変わりにともなって少しずつ、本当に少しずつですが、「より自由な」価値観も認められるようになっていきました。さらに新型のウイルスが世界的に猛威を振るい、仕事や働き方、家族や友人たちとのつながり方だけでなく、物事の考え方や捉え方……私たちの暮らしの在り方すべてを一変させましたよね。

「当たり前」の基準も、大幅に変わりました。

ガマンは美徳ではなく、**あらゆることはもっと自由でいいし、誰もがもっと自分らしくあっていい。**そのような考えが共感を呼び、理解が広まっていきました。

さらに「男だから、女だから、親だから、長男だから、一人娘だから……」といった既存の役割に縛られることなく、好きなこと、好きなもの、そして好きな人など自分の「好き」を大切にして、自由に表現する喜びを思い出した人たちが増えたのではないでしょうか。

気づいてしまったら、もう前の世界には後戻りできませんから。

今までは「みんなそうだから」の魔法で無意識のうちに抑えつけられてきた本当の気持ちが、あふれ出して止まらないのだと思います。

自分にもう嘘はつく必要はないし、あなたの人生の主人公はあなた自身です。

八ヶ岳の空を見上げると、トンビが大空を自由に舞っているのが目に入ってきます。とても気持ちが良さそうです。トンビは無理に羽ばたくことはしません。

風の流れを読みとっているのか、行きたい方向へと吹く風に乗ったあとは流れるままに身を委ねているだけのように見えました。

私たちもきっと、あんなふうに行きたいところへ飛んでいけるはず。

そのためには、まず自分が乗る風を決めましょう。

あなたの心が望むのは、どちらの方向ですか？

ちなみに、「飛べない！」と思っているとしたら、それはあなたの思考のクセのようなもの。

飛び立つ瞬間はとても怖いもの。「でも、飛んで行ってどうするの？」「行った先でいくらかかる？」「帰ってきたら怒られちゃうんじゃない？」等々……いろんな「でも」が浮かんで、気持ちにストップをかけますよね。

ただ本当のあなたの心は、その先を見たいと思っているはず。あなたのなかの好奇心をもっと動かして進んでみてもいいのです。

すでにあなたには始まっているのです。この本を手にした瞬間から、風はすでに吹いています。まずはその風に、あなたの心を解き放ってみましょう。

ツインレイは、ツインレイを引き寄せる

ツインレイとして出会い夫婦となり、レストランを始めて、私たちは気がつけば基本的にカップルで活動するようになっていました。その流れのなかで気がつけば周辺の人間関係が、それまでとはガラリと変わっていました。大きな変化は、自分たちがそうであるように、相手側もカップルで行動しているということ。

その気づきから、私たちは、

「ツインレイは、ツインレイを自然と引き寄せるのかも？」

と思い始めています。

メイと再会する前のナツキは、シェフとして次から次へと流れるように人に会っていくような毎日を送っていました。なので、ちょっとした知り合いは山ほ

どいる反面、誰とも深い関係にはなりませんでした。いわゆる、広く浅くの交友関係しかなかったのです。しかも、全員が個人で活動している人たちばかり。ビジネスのお付き合いだから、ということもあるとは思いますが、それにしてもパートナーの存在を感じさせる人はとても少なかったように思います。

一方でナツキと再会する前のメイも、付き合いのある友人たちは、個人で行動できる境遇にある人たちばかり。ママ友との付き合いがあるとすれば、母と子のペア同士で公園などにいく程度。

家族ぐるみで何かをしたり、出かけたりするのは限られた時だけでした。

そんなメイとナツキでしたが、再会を果たし、ツインレイだと気づいて一緒になってからというものは、公私ともにずっと二人で一緒にいるようになりました。

すると不思議なことに、それまでの人生で近くにいた人たちとの関係性はどんどん薄れていき、代わりに新しいご縁がどんどん舞い込んできたのです。

気がつけば、素敵なパートナーとともに人生を歩む人たちばかりに囲まれていたのです。

なかには離婚を経験して「もうパートナーはいらない！　私は一人で生きていく」と断言していた方がいたのですが……。私たちと関わり出した直後に、大好きな人と急に再会して、その後トントン拍子で子連れ再婚をしてしまいました。

また、お仕事を通じて出会った当初、旦那さんとの関係が最悪だと嘆いていた方もいました。でも、お会いする度にいろいろな話を聞いているうちに、いつの間にか嘘のようにとっても仲良し夫婦になっていきました。

不思議なもので、私たちと関わる方々の夫婦関係や家族間がどんどん良くなっていくのを感じたのです。

それぞれ、ご本人がそう言ったわけではありませんが、パートナーと一緒にいる姿を端から見ていて、「きっと二人はツインレイなんだろうな」と感じられる瞬間がありました。

私たちは、仲良くなる人たちを自分たちで選別しているわけではありませんので、きっと同じエネルギーの人たちが互いに引き寄せ合っているのだなあ、と感じています。

実際、一人で頑張ろうと肩肘張っていた時代のメイとナツキのまわりには、同様に一人で戦う人たちが集まっていました。

それが、パートナーと手を取り合って二人で生きていくことを選んだところから、自然と周辺の人間関係がすべて切り替わったのです。

私たちがツインレイで、同じくツインレイの人たちを引き寄せるということが起きています。

ならば、本書を通してメイとナツキとこうして出会ったあなたも、ツインレイのエネルギーを発しているということなのです。

自分自身のエネルギーを信じて、さあ、運命の相手を引き寄せていきましょう。

ツインレイに出会うと女性は覚醒が進む？

ここからは少し、ツインレイ女性とツインレイ男性、それぞれの特徴などについて書いていこうと思います。まずは、ツインレイ女性から。

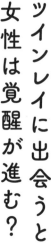

私、メイの体験がベースになりますが、ツインレイと出会うことと女性が覚醒することとは、強い連動性があると感じています。

というのも、ツインレイの存在を意識し、気づいていくなかで、どんどん心身に変化が起こっていったからです。

お伝えしている通り、私はもともとは普通の主婦でした。

スピリチュアルな世界に興味はありましたが、霊視などの特別なチカラは自分にはないと思っていました。それでもスピリチュアルな世界で生きていきたいと思い、ヒーラーさんたちの事務仕事をフリーランスで担っていました。ヒーラーさんたちのイベントやセミナーでもスタッフとしてお手伝いをさせていただくなかで、自然とお客様と触れ合う時間ができました。そしてある時から「あなたに相談したい」と言われるようになり、そこからカウンセラーとしての活動を始めたという経緯があります。

当時は意識していなかったけれど、今にして思えば、私はずっと「私」を開きたかったのだと思います。結果的にカウンセラーになることが、第一歩となりました。それが、ナツキと再会する直前のこと。

つまりは、カウンセラーデビューを果たしてすぐ、ナツキがツインレイであることに気づいたというわけです。

二つの出来事が立て続けに起きたことで、

「もしかしたら、宇宙に応援されているかも」

と思い始めました。

すると、そこから大きな変容の渦《うず》に飲み込まれていったのです。

まずは体調に変化がありました。具体的に言うと、「不食」となりました。私は元来、食べることが大好きです。なのに突然、目の前の食べ物が異次元のものに思えて、口に運び入れる気が起きなくなってしまいました。食べるって何？必要なこと？と思ってしまうほどでした。

一日に一口くらい水を含めば、もう十分。なぜ、いきなりそうなったのかはわかりません。ただ何も食べなくても、水もほとんど飲まなくても、私の体は元気そのものでした。

次は、後頭部が痺れるような感覚が押し寄せました。具合が悪かったわけではありません。痛みのようなものはなく、自分のなかの思考や意識といった内側の変容をものすごく感じました。

そして、その後にやってきたのが、宇宙語を話せるようになったことでした。自分に一番起きないと思っていたことが、次から次へと起きてくる。正直、理解ができませんでした。宇宙語って一体、何？　なぜこのタイミングで私が？私には特別なチカラなんてなかったはずなのに……と。

自分がどんどん不思議な存在になっていくのが怖いと思う、その一方で、こうして「本当の自分」がどんどん開いてくるのを私はずっと待ち望んでいたんだ、と思う気持ちもあって、心のどこかで嬉しい気持ちもあり、とても複雑な心境でした。

だけど、その頃の私は自己肯定感があまりに低く、自分が大変容の真っ只中にいることを誰にも打ち明けられずにいたのです。

ツインレイと巡り合えたことと、一気に起きた心と体の変化は私にとってはワンセットの出来事であって、すべてがつながっていて、何か魂の目的に向かおうとしている感覚が強く、とっても大切なことでした。だから、誰かに話すことで、「笑われたり、否定されたりしたくない！」

と思ってしまったのですね。

それでも宇宙の導きに従うべく、不思議なチカラが突然やってきたことをためらいながらも少しずつオープンにしていきましたが、心のなかでは、いつか誰かに「間違っている」と言われるかもしれないと怯えていたのです。私は自分に起きていることをまず自分が信じてあげたかったんだろうなと思います。

唯一すべてを打ち明けられたのは、やっぱりナツキでした。

宇宙語のことは話し始めた段階で軽く伝えてはいました。でも、その時は、まだナツキはメイがツインレイと気がついていない時でしたから、内側にあった葛藤などは、互いの存在をツインレイだと認め合ったあとから、少しずつ話していきました。

ナツキの本当にすごいところは、それを自分が理解できるかどうかは置いておいても、想いのすべてを受け止めてくれるところ。頭ごなしに否定することは、決してありません。

戸惑う気持ちや葛藤を打ち明けた時にも、

「不安を感じていても、大丈夫。僕は、そういうところも含めてメイが好きだよ。僕はここにいるし、必要なときはサポートするから」

と寄り添ってくれたのです。

その言葉をもらった瞬間の安心感といったら……。大袈裟でなく、心から自分の存在が救われたような気がしました。

これはあくまでメイの場合。私にそのようなストーリーがあったように、皆さんにも、素晴らしいさまざまなストーリーがあるかと思います。

基本的に女性は受け入れる要素が強いので、出会いを契機に覚醒が始まり、知らない間にどんどん宇宙とつながり始めていると考えています。

メッセージであったり直感であったり、今まで見えてこなかったものまで色々なものも降りてくるでしょう。

そうなると、今度は自分自身の意識がどんどん空っぽになっていきます。頭で考えることができなくなるからです。

メイの場合は、宇宙語を話し始めると、あるはずの意識を0%にして感覚を100%にしていくから、メッセージを降ろしたあとは、しばらく人間モードに切り替える時間が必要になります。本当に自分が空っぽになるので、その時にナツキがそばにいてくれるから安心してできるんですよね。

こう振り返っていくと、今のメイはナツキなくしては有り得ないと思えるくらいに支えられているんです。ナツキが隣にいてくれるからこそ、メイとして存在していられるのです。

ツインレイ女性の皆さんは、覚醒を少しずつ体感していると思います。感じ方はそれぞれですが、不安を感じた時には、何かが「始まった」ことを感じましょう。

なぜなら、あなたにはもう一人の自分であるツインレイ男性がついているから。不安に感じていること、怖いと感じていること。すべて素直に感じているあなた自身の大切な感情です。安心して、宇宙の流れに委ねましょう。だから、覚醒を無理に止めようとする必要はありません。

もしも、パートナーが自分を全然わかってくれていない、と感じたのなら、それはきっと男性側は「何をわかるべきかが、わからない」状態にある可能性があります。

ツインレイは、テレパシーで感じ合う、ということももちろんあると思いますが、私たちは人間として生まれてきているので、ちゃんと体を使って、伝えたり、行動したり、ということはさまざまなことで生じます。

現代の私たちは、スイッチ一つでお風呂が沸かせたり、遠くの人と話すことができたり、と、便利な世のなかに存在しています。しかし、この体には、行動するということで、目覚めてくる部分もあるのです。

「そんなことまで言わなきいけないの!?」とは思わないで、「ああ、彼は行動を促してくれることで、私にさらに覚醒してほしいと魂レベルで思っているのね」と、感じていきましょう。

二人の間に起きていることとは、すべて必要があって起きていること。生まれる前から決めてきたことのように思います。その、小さな行動の繰り返しが、二人の間に、さらに愛を深める結果につながっていきます。

統合とは、一瞬で起こる部分もありますが、ゆっくりじわじわ重なっていく部分も結構あるように思います。二人の出会いに感謝をして、その人間特有のじれったさも、ぜひ楽しんでみてくださいね。

出会ったツインレイをサポートするには

ツインレイとのパートナーシップを構築していくにあたり、要となるのは、相手の人生をサポートすることだと、私は感じています。

ツインレイは互いを支え合い、高め合う存在であるとお伝えしていますが、ここでは例として、メイがどんなふうにしてナツキをサポートしているのかという部分に触れていきましょう。

ナツキ曰く「ツインレイの応援の力は絶大」とのことで、ありがたいことに「メイのサポートを受けてから、まるで別次元を生きているようだ」とのお言葉を頂戴いたしました（笑）。

たしかに、今のナツキは以前のナツキとは大違いです。

４年ほど前、初期のＹｏｕＴｕｂｅ動画を掘り起こすと、その違いは歴然です……なんて、かくいう私もだいぶ違いますね。二人ともずいぶん明るくなってと、視聴者さんからよく言われます（笑）。

私の職業はカウンセラーですから、ナツキに限らず、常にいろいろな方の応援をしています。それなりの経験を通じて自分のなかに軸としておいているのは、真の応援とは、今ある姿を認めてあげるところから、だと思っています。

こうしたらうまくいくのになあ、と思うことがあります。それでも、お相手は、それを体験したくて、ちょっとクセのある道を通過しようとしたりします。それを体験してから、自分で気づきたい、と思っているのです。

私たちは常に最短ルートを探してしまいがちですが、生まれたての赤ちゃんに、すぐに仕事にいきなさいと言っているようなもの。個人個人それぞれに、通過したい人生の道筋があります。自分で決めて、壁にぶつかって進路変更しながら、自分の道を見つけていく、というのは後々に、自分自身にとって大きな自信につながっていくのです。今、お相手に起きていることを、完全信頼してあげることがとても大事かなと思っています。

私がやっていることは、「種をまいたら、芽が生える時期が来るまで待つ」という宇宙を完全信頼する基本姿勢です。

ちょっとだけ種を落としておいて、その時にわかってもらわなくても大丈夫。そうして待っていると、必ず芽生えの時期が訪れます。ツインレイに気づくのも、人生のタイミングも、お相手も自分も、魂レベルで決めてきたこと。そこをお相手の魂の道を信じてあげるといいですよね。

昔、ナツキがシェフとしての営業スタイルに悩んでいました。初めての独立、とても気合いが入っていましたが、何か違和感を抱いているように見えました。そんな時に私が、

「ここ、やめたら？　全然良くないよ。もっといい場所あるんじゃない？」

と伝えたとします。

でも、現実には早く仕事を開始しないと、暮らしが成り立ちません。そして、紹介してくださった方がすごい方だったので、乗らなくてはいけない話のような雰囲気だったのです。そのなかで、

「そうかわかった！　じゃあここ辞めるよ！」

とはいきませんよね。相手には、相手のタイミングがあるのです。

そうしてそのまま見守った結果、やはりその場所ではオープンできない運びとなりました。そして少し時間はかかったけれど、今、ＹｏｕＴｕｂｅ撮影で使っているあの空間を、レストランとして借りられる話がやってきたのです。

信じて見守るって、結構勇気がいることでもありますが、相手の行動力や人間力を見せてもらって、私としてはとても有意義な時間でした。ナツキにとっても、自分でやって、壁にぶつかったから、心残りはないようです。

これを、メイが「やめたほうがいい」と言って、やめていたなら、どこかで悔いや後悔が残っていたかもしれませんね。

その経験からナツキは私の意見を聞いてくれるようになりました。

そして、たとえ意見を聞けないとしても、それも意味があるということなんだ、と理解するようにしています。

そしてツインレイとして忘れてはいけないのが、相手が起こしていることが、実は自分自身のブレイクスルーを促していることが大いにあります。それがツインレイの醍醐味でもあります。

最大の応援とは、その人の人生をそのまま信じてあげることだと思っています。

そして、相手をサポートする最大のポイントが、あなたの人生をどんどん変化させる勇気を持つこと。

相手を変えることはできないのですが、自分を変えていくことは可能です。そしてもう一人の自分がツインレイですから、即ち、自分が変われば、お相手はどんどん変化し、進化していくのです。これは本当に顕著で、メイもナツキを変えようとしても無理だなとわかってから、これは自分にも変化を促されていると捉えるようになりました。捉え方や、意識を変えるだけでも、相手は確実に変化をします。面白いほどに変わりますよ。

ツインレイは、互いのチャンスを持っています。

そのようにサポートしあえる存在である以上、むしろひらめいたことを黙っているほうが、私たちの関係性を考えると罪なのではないでしょうか。

ということで、まとめます。

●相手のことも、自分のひらめきも、どちらも信頼する
●種を蒔いたら、宇宙にお任せをする
●自分の人生をどんどん変えていく勇気を持つ

メイは、ナツキに対して常にこのような意識を持って寄り添い、サポートし続けてきました。

そしてこれからも、ナツキの応援団として隣にい続けようと思います。

ツインレイ男性から見た
ツインレイ女性3つの特徴

ツインレイと一般的な恋愛は違うということは、別項にてお伝えしています。では、実際に人生をともに歩くツインレイ男性の目に、ツインレイ女性の在り方は具体的にどのように映っているのでしょうか。

感じ方は人それぞれなのに、特にクセ強めなナツキ単独の視点でお届けしちゃって大丈夫かしら……と思わなくはありませんが、せっかくなのでここからは、ナツキが日々感動しているツインレイ女性の素晴らしさをドドン！　とまとめてお伝えしていきます。

ナツキが感じている特徴①

一人では開けなかったであろう才能や能力を、ナチュラルに引き出してくれるツインレイ女性は相手の才能や能力を引き出そう、と躍起になるのではなく、対話のなかで自然と引き出してしまう特徴があるな、と感じています。

僕はメイと再会するまでの人生を、ずっと低空飛行で過ごしてきました。

今よりも羽ばたきたい。幸せになりたい。豊かさが欲しい。そんなふうに、ずっと何かを求めていました。だけど、何をしてもイマイチ花開かない、スコーンと空高くに飛んでいけない。まさに、鳴かず飛ばずの状態だったのです。

そんな人生を歩んできたので、見かけによらず小心者で気弱な自分が定着して、「何かしてみたいな」「あそこに行ってみたいな」と思っても、何かしらの理由を見つけてきては、尻込みをするようになっていました。

だけど、メイが隣にいると、そんな僕の脳内の葛藤を瞬時に察知して「やってみたら？　ナツキのこういう部分と合っていると思う」「行っておいでよ。家のことは任せて」と実現を後押ししてくれるのです。

例えば、僕が以前カードリーディングの動画配信を始めた時のことです。それまでは、そういうのはメイの得意分野だし、自分はそれを見て楽しむ側の人間だから、と思っていました。だけど、少しずつカードを読み解くメイがうらやましいなと感じるように。僕もやってみたい……でも……という迷いのなかで相談をすると、やっぱり後押ししてくれました。

そして実際に始めてみると、これまで学んできたことがすべてリーディングに集約されていくではないですか。今はカードによって、僕自身の可能性が開かれていくのを感じている真っ最中。正直言うと、実はまだ少し怖さも残っています。だけど、隣を見ればメイがいてくれるから。僕は安心して、新たな一歩を踏み出し続けることができるのです。

ナツキが感じている特徴②
自分にはない要素をたくさん持っていて、僕の世界を何倍にも拡げてくれる

ツインレイだからこそ「同じだね」「すごくよくわかる！」というところがたくさんある一方で、魂は同じでも物体としての体も性別も違うからこそ、やっぱり「全然違う！」「ちょっとよくわからない……」と感じるところも、当たり前のようにたくさんあります。

僕とメイのなかにある違いの一つが、物事を理解するプロセスです。メイはす

べて感覚型。イメージするだけで決断ができます。僕はすべて体験型。どんなに素晴らしいプレゼンテーションを受けたとしても実際に体験してみないと決断ができません。

どちらが良い悪いということはないけれど、タイプの異なるメイと一緒にいると、両方の良いところを合わせられている感じがするのです。

例えば、自宅の内装やインテリア、庭づくりはすべて彼女に一任しています。実際にはお任せしているというか、前述のように感覚型のメイのほうが次から次へとアイデアを出してくれるので、結果的にそうなっているのです。

ある時「ウッドデッキをここに作りたい」と相談されました。ウッドデッキそのものはわかるし、メイが欲しいと言うのなら反対はしません。でも、どうして欲しいのかがイマイチわからなかった僕。だけど実際に出来上がってみると、すごく便利で気持ちも良くて、大感動したわけですね。

ウッドデッキはすごく具体的な話ですけど、大体この流れで「こういう世界があったのか！」とハッとすることがたくさんあるのです。

そういう時、僕はいつもメイのヴィジョンを後追いしているんだな、と思います。それが嫌ではなくて、彼女は自分にはない要素をたくさん持っていて、僕の世界を何倍にも広げてくれるのだと何度も繰り返し知るのです。

「次はどの世界を体験させてくれるのかな？」

メイとの生活は、こんなワクワクに満ちているのです。

ナツキが感じている特徴③
不要な思い込みを取り外して、固定観念を修正してくれる

僕たちの動画をよく見てくださっている方はご存じかと思いますが、基本的に僕の服装は派手な傾向にあります。いろいろなアイテムをいくつも組み合わせるようなことはしませんが、結構シャツの色味や柄で遊んでいます。というか、遊べるようになったのです。メイのおかげで、ね。

以前の僕は模様のない、単一色の服ばかりを着ていました。それを好んで着ていたというより、「無難だから」着ていただけでした。理由は、僕なんかが派手な服装をしたって仕方がないと思っていたからです。

やっぱりね、自分に自信がなかったんですよ。ちょっと明るい服が目に入って

も「そんなの着る必要がない」と手にもとらずに、すぐいつもの自分の枠のなかに小さくまとめて済ませてしまうのです。興味自体がありませんでした。

そのくせちょっと着飾った素敵な男性を見ると「フンッ」と小馬鹿にするような態度をとってしまう。今にして思えば、枠に捉われず、自由にファッションを楽しんでいることに対するうらやましさの裏返しだったんですね。

メイは、こんな僕の固定観念をスルスルと解き、修正してくれました。「ナツキはこんなのが似合うよ」と、なんとUFO柄の服を勧めてくれました。度肝を抜かれて「ええ……」と思いつつも着てみると、鏡に映った自分を見て、素直に嬉しいと感じたのです。それまでは、派手な柄シャツなんてありえないと思い込んできたけれど、自分だってお洒落をすれば喜びの回路が開くのだということを、やっぱり体験を持って知ったわけですね。

なんとか3つに納めましたが、それぞれが連動していることに書きながら気がつくことができました。

そして、メイに言わせると「同じようなことをナツキも私にしてくれているんだよ」とのこと。僕も、メイが尻込みして、小さく収まろうとする時は、もっと前に出なさいと、背中をポンと押します。それがメイにとってはとても嬉しいことのようなのです。

やはり私たちは、互いが互いの光として相手を導き、光り照らしあいながらともに成長していく存在であると、改めて確認できたように思います。

もう伝わっていると思いますが、ナツキにとってメイは世界一のパートナーで間違いありません。メイにとってもナツキは世界一。自分にとってこれほど、素晴らしく、感動し、そしてお互いを高め合えるパートナーがいるんだということに心底驚いています。ここまで、読んでくださったあなたも、すでにこのエネルギーに包まれていると思います。

あなたにとっての世界一、いや宇宙一の存在は、必ず存在しますよ。

ツインレイに目覚めた男性に起こること

さて、続いてはツインレイ男性にスポットを当ててみましょうか。ここでもナツキの体験を踏まえてお伝えしていきますね。

ナツキがツインレイに目覚めた時に、自分の内面に何が起こったかというと、一言で言えば**中性化**が起こり始めました。これまで優位だった男性性が、女性性に座を譲り始めたのです。そしてそれは、50：50に向かっていっているような感じがあります。

ツインレイは、かつては一つだった光がそれぞれ男性性と女性性とに二分した存在だとお伝えしました。その二つの光がもう一度出会い、統合していく過程でそのような変化が起こるのは自然なことかな、と思います。

「二分した」と言いますが、もちろん綺麗に真っ二つにズバッと別れているわけではありません。

そもそも人間は、肉体が男性であろうと女性であろうと、ともに男性性と女性性の両方の性質を持って生まれてきています。

脳科学の世界では「男性脳」「女性脳」という区分が実際に存在することがわかっているそうです。その話も踏まえて考えると、

「いや、自分に女性性なんてかけらも感じられないぜ！」

といった「男のなかの男」タイプの方にも、実は女性性が見えないながらも存在するってことを理解していただけるのかな、と思います。


それぞれの分配は個人単位の性質ももちろんあるとは思いますが、大きかったのは昭和以前から脈々と続き、蔓延していた「男たるもの」「女たるもの」という観念ではないでしょうか。

子育てや教育の場面でも、

「男なんだから弱音を吐くな」

「男だろ！　しっかりしろ！」

と何度も何度も男性性を強調する言葉を浴びるうちに、すりこまれていった部分が、少なくともナツキにはかなりありました。

女性も同じだと思います。おしとやかに、可憐に、男性の半歩後ろをついていく大和撫子を求められてきましたよね。だけど昨今、時代は大きく変わろうとしています。いや、もうすでに変わり始めています。

風の時代とかZ世代とか、言い方はいろいろありますが、要は人の在り方が変わってきている、本来の自分らしい自分に戻ろうとしているのだと思います。

今の時代を生きる男性たちを見ていると、すごく柔軟だな〜と感じます。男女の枠を楽しみつつも、とらわれない感じがあるというか。枠なんてなくてもいいんじゃない？　と、声高らかに発言することだってできてしまう。その考え方は性別に限ったことではなく、ありとあらゆることに対して適応されています。今の方はとってもしなやかに生きられていますね。

かつて「新人類」と称された（古い）時代の僕らから見ても、明らかに「ニュータイプ」。男性性と女性性とのバランスがよりとれているのでしょうね。

僕からすると、彼らからは非常に学ぶところが多いです。


中性化が進むと、ツインレイ男性に具体的にどのようなことが起こるかというと、ナツキの感覚では、そんなイマドキの男子に近づきます。

根性とか努力とか、支配、決断、成果、力強さといったザ・昭和な男性性のキーワードが、自分のなかからどんどん削ぎ落とされていくのです。

その代わりに、直感が働くようになったり、感受性が豊かになって思いやりの心が強くなったり、さまざまな相手を受容しやすくなったり。女性性的な要素が表出してくるのですね。総合的に見ると、人間としてのパフォーマンスがものすごく上がっていることだと思うのです。


ただ、その過程では今までの男性としての体験が深すぎて、新しい自分を自分自身で不安になったり責めたりしてしまうことがあります。だから、急に拗《す》ねてしまったり、ふてくされたり。コントロールできてきた自分が制御が効かなくなるなど、戸惑いがとても大きくなる。自分に自信が持てなくなる。だからツインレイ男性が急に態度が変わったりするという話をよく聞きますが、このことが作用していることは大いにあると思います。

これが女性の場合、女性のなかの男性性が高まると、どんどん社会に受け入れられて馴染んでいき、男性性が高まっているにも関わらず、女性としての自信を取り戻しているようにも見えます。だけど、言ってみれば同じことが起きているはずなのに、こうも反応が違うのは不思議ですね。

ナツキ自身も自分の変化に大きく戸惑いました。やはりはじめは「俺、どうしちゃったんだろう……」「もっと頑張れたはずなのに」「もっと力強くてカッコいい男になるはずだったのに」と、悩んだ時期もありました。そんな時、フッとインスピレーションをくれたのが、暮らす八ヶ岳の山々でした。

今までは、

「男として、父として、はたまた大黒柱として、家族を守るためにどんな雨風にも負けず、何があっても絶対に揺るがない太くて強靭な幹を持った木にならなければいけないいんだ！」

と、心のなかに常に握りこぶしを作っていました。

でも、山を見ると「強い木」は太くて強靭な幹を持っているとは限りません。風に揺れる細くて長い竹もまた、別の強さを持っているということに気がついたのです。

揺るがないことだけが強さではない。

しなやかで折れにくいこともまた、強さである。

たとえ不利な状態になったとしても、行動を順応させて振り戻る力——ツインレイに目覚めた僕は、中性化によって新たな角度から世界を捉えられるようになったわけです。

変わりゆく時代のなかで、男性らしさ女性らしさもこれからさらに自由を取り戻していくでしょう。だから、大丈夫。ツインレイ男性の皆さん、あなた方は時代の先駆けなのです。自分のなかの変容に戸惑いを覚えたら、この話を思い出してくださいね。

ツインレイ男性のアップデート

中性化は、言うなればツインレイ男性の人生OSアップデート通知。

気づきを経てツインレイ女性とともに進むこれからの人生は、これまでの人生とは180度異なります。

新たな世界に足を踏み入れるにあたり、既存の価値観に基づく思い込みをすべて新しい視点、目線、思考に塗り替えていく作業が必要になってくるのです。

もちろん女性側にも同様のアップデートは起こりますが、女性の場合は、もともと女性性の持つしなやかさのせいか、男性ほどの苦労（？）はないように思います（もちろん、しなやかな男性もいるとは思いますが）。

これから紹介する4つのステップは、一つずつ段差がはっきり分かれているというより、なだらかな曲線を描きながら、時には入り交じりながら、登り進んでいくようなイメージです。

STEP① 無邪気さを取り戻す

ナツキの場合は、赤ちゃん返り……とまではいきませんが、どんどん子どもの頃の無邪気さを取り戻していく感覚がありました。

メイと再会する前は「カッコいいと思われたい」「頼れる男と思われたい」という願望がとても強く、肩肘を張って生きてきました。だけど、メイの隣にいると「ありのままの自分でいいんだ」と自然に思えてくるのです。

子どもたちに負けないくらいおバカなことをしていても、ジュースやお菓子やアメリカンドックが大好きでも、メイがすべてを笑って受け止めてくれるからだと思います。夫として、父として。家族の支えになるような存在でいたいとは今も思っているけれど、無理に大きく見せようとしなくても、このままの自分でもなれるんだと、メイの存在を通して宇宙が教えてくれたのだと思っています。

STEP② 価値観の逆行が起きる

主に仕事面において「こうでなければいけない」が剥《は》がされていきました。

僕が修行を積んだ時代は立場やキャリアが最優先。でも、今は実力が伴えばキャリアを飛び越えて活躍することができます。そのような世界を目の当たりにして、まるで誰かに過去を否定されているような気持ちになったのです。

だから、自分の経験を正当化するために、自分の優秀さを打ち出すことに躍起になっていました。僕がYouTube開設から数年間、動画では常にコックコートを着用していたのはそのためです。

でも、そのメイと二人で始めて育ててきたYouTubeでの活動を通して、料理以外のことでたくさんの人に喜んでもらえることを知りました。

自分を表現するには必ずしも熟練のシェフである必要はないこと、ナツキはナツキのままで価値があるのだと、体験して乗り越えることができました。

もし、あの時のままシェフであることに固執し続けていたら、今の幸せはなかったかもしれません。

STEP③　変化していく生き物であると知る

二つ目のステップを軽視していると、自分のなかで感じるだけでなく実際に現実世界が苦しい方向に動き出します。

渦中はそれがアップデートだと知らないので、「どうしてうまくいかないのか」「もっと頑張らなければ」と、今まで通りを貫こうとしてしまうのですが、それは、「今まで通りじゃダメなんだ」

ということを学ぶ時間だったのです。

この時は、メイも一緒に困惑の渦に飲み込まれていました。何度も物理的にも精神的にも本質から逃げましたが、その度に、

「自分はどうしたい？」

に立ち返る僕を、そばで見守ってくれるツインレイ女性がいたからこそ、長くて暗いトンネルを通り抜けた先にある光に、たどり着けたのだと思っています。

STEP④　二人で一つ、を体感する

中性化とも関係してくるところですが、ツインレイ男性の女性化が進むと同時

に、ツインレイ女性の男性化が進んでいきます。

これまで自分がグイグイ引っ張ってきた女性に、追い抜かされるような感覚を味わうのです。プライドが傷つけられるので、メイに対するひがみのような感情も出てきました。いえ、実際メイのことを結構嫉妬しひがみ、泣かせたこともありました（笑）。正直、折り合いをつけるまで時間がかかりました。

だけど、メイとナツキはツインレイであり二人で一つの光というところに立ち返ると、成長とともに二人のなかの配分が変わっただけであって、僕のなかの何かが欠けたわけではないという事実に気づくことができました。

メイだけが成功することはないのです。ナツキだけが成功することもないのです。メイとナツキで成長してゆく。それしかない世界。それがツインレイ。そのことにやっと気がつくことができました。

ここまでくれば、今回のアップデートは完了です！

そしてアップデート自体は、何度もやってきます。私たちの成長には終わりはないからです。

ツインレイに性別は関係ある？

この項では、よくいただくご質問「ツインレイに性別は関係ありますか？」「同性のツインレイは存在しますか？」について、お答えさせていただきますね。

私たちは、ボディは「魂の入れ物」と考えていますので、ツインレイがどのボディに入っているか、だけのことだと思っています。肉体の性別関係なく、男性性寄りの方、そして女性性寄りの方、両方ある方、あと、どちらでもない、という方もいらっしゃいますよね。ノンバイナリーと言うそうですが、どちらの性別も感じない方、ピンとこない方は、実は結構いらっしゃるのではと思います。

ですから、（ボディが）同性同士のツインレイももちろん存在して当然です。心が惹き合い、この人しかいないと思う気持ち、それは性別関係なく、私たちが生きている限り、起きてくることですよね。

ツインレイは制限を超えてくれる、素晴らしいブレイクスルーを起こしてくれるパートナーでもあります。それはお二人の間でもそうだと思いますし、また社会に対しても、新しい自由な風を心地よく吹かせる存在でもあると思います。

メイがヒプノセラピーで前世を見に行った際、ネイティブアメリカンの集落にいる、性別がない人生を歩んでいた小さな男の子の過去世に飛びました。

その子に性別を聞いても、「わからない」「興味ない」と言います。しかし、ボディは男の子なので、お母さんもお父さんも、男の子として育てたがります。それが本人には苦痛でした。かといって、女性的な母性のようなものもないのです。さらにその子の目はグリーンでしたが、その集落ではそれまでグリーンの目の子はおらず、それがまた家族にとって大きな戸惑いでもあったようでした。

その前世を見たあと、性別がない感覚は今世のメイにもあったなあと思い出しました。女の子だけの集まりはあまり得意ではなかったり、逆に、女であることでケンカっ早い男子たちの面倒なことには巻き込まれなかったり。

そして高校生の時、メイが初めて付き合った人は女性でした。告白されたらそのまま好きになってしまい、少しだけお付き合いをしました。ただ、相手の女性がすごくモテる方で、ほかの女性からもたくさん言い寄られていて、嫉妬がすごかったので、そっと身を引きました。

本当は、私たち人間が存在し始めた頃から、精神的な性別はかなり多様だったのではと思います。でも中性に近かったりどちらでもなかったりする場合は、周りに染まることで、表に出にくい部分もあったのかもしれませんね。

ツインレイは決して枠にはまらないと思っています。

そして素の私たちに戻してくれる作用が働きます。自分を偽っていたり、作った自分を装っていたら、それをいい感じで、取り払ってくれる。

今はもしかしたら、女性性、男性性という次元も超えて、新たな新しい自由な世界が構築されていく過程なのかもしれません。ツインレイが注目を浴びているのも、本当の魂レベルの自分たちに戻っていく必要な過程なのだと思っています。

「サイレント期間」について

ツインレイについて情報を集めていくと、いつか必ず「サイレント期間」という概念に出くわします。サイレント＝沈黙。魂を二分した二人が出会っていながらも、ともに歩めず離れ離れになってしまう期間のことです。

結ばれるために避けては通れない試練、それぞれが自分自身と向き合い魂を成長させる修行、募る想いを押し込めて耐え忍ぶ期間。

そのように考えられることが多いです。

よく言われているのは、ツインレイ男性の気持ちや価値観に変化が起こり、ツインレイ女性のもとから去ってしまうという構図です。

でも、実際にはすべてが同じパターンということはなく、それぞれのカップルによって期間の迎え方も終わり方も異なると思っています。

実際その期間を迎えていらっしゃる方は、非常につらい時期を頑張っていらっしゃいますよね……。

そんな時、大切にしていただきたいのは、あなたのあの時、感じた感覚をまず信じてあげてということ。その感覚はあなたの宝物になっているでしょうし、それをまず、誰でもないあなたが信じてあげることがとても大切です。

そしてね、相手が逃げてしまうような状況になってしまった時、精神的には焦ったり、悲しかったりと、さまざまな感情が押し寄せてきてしまうと思いますが、お相手にも、何かが起こっていて、苦しくて、距離を取ってしまっているケースがあります。前述の、男性だけど、女性性に近づいている時なんかは特にそうなってしまうでしょう。相手にも表面で見えていること以上のことが起きていると思った方がいいかもしれません。

なので、焦らなくても、ツインレイって逃げたりしません。だって、ツインレイですから。魂レベルでは絶対離れられないものね。それはあなたも痛いほどわかっていらっしゃるでしょう。

ちなみに、メイとナッキにサイレント期間はありませんでした。二人の出会いは、今から10年以上前。そこから8年間の友人期間を経て、再会したタイミングでメイが気づき、1ヶ月半後にナツキがツインレイだと気づきました。

今から思うと、友人期間中にどちらかが気づいていたら、絶対サイレントになっていたと思います。メイは執着が強く、思い込んだら粘り強く行動するタイプ。一方ナツキは、自分のシェフとしてのスタイルを確立していく時期でもありましたし、当時は結婚していたので、メイが熱烈に迫っていたら、拒否されていたのは目に見えています。友人期間をお互いそれぞれの学び期間として、ある程度、肩の力が抜けたところでツインレイに気づいたのは、結果的にはタイミングが良かったのかもしれません。なので、サイレントになっている皆さんは、早々に気がつけるぐらい感覚が鋭く、本当に素晴らしいなあとお話を聞いていていつも感動してしまうのです。

もしね、今、メイとナツキが突然サイレント期間を迎えたらどうするか、二人で考えてみました。この時代が加速しているなかで、何が起こるかは本当に未知です。ある日突然、どちらかが背を向けて去ってしまうと言うことは、可能性としてはゼロではないなと私たちは認識しています。

とはいえ、あまりに想定外な展開なので、かなり動揺はするでしょう。

心が不安定な状態がどれだけ続くか計り知れないけれど、いつか落ち着くタイミングは来るはずです。その時に何を思うのかというと……。

「相手がどこにいても幸せでありますように」

そう。打ち合わせもなしに、互いに全く同じことを思いました。

私たちは出会った時から今までずっと、本当の幸せを探し求めてきました。

出会えたこと、気づけたこと、夫婦になれたこともすべて本当に幸せです。

でも、それらは人生のゴールではなくて、それぞれに新たなスタートだったのです。次は二人で、どうしたらより良くいられるのかを考えて高め合っていこうとしているところが現在地。だから、ここからさらに歩みを進めるために一旦、別々の道を進もうとするのも、選択肢の一つとしてナシではないと思うのです。

子を送り出す親のように、

「あなたはそっちを進むことにしたんだね」
と送り出すと思います。

決意を持って離れていった相手の心は、どうしようもありません。いつだって、自分が動かせるのは自分の心だけです。

だから、どんなにネガティブな感情があふれてきても、不平や不満はできるだけ口にしません。この試練を乗り越えた先にあるはずの幸せを呼び込みたいからです。

相手にぶつけるのではなく、自分のなかで出し切って、停滞している現状に流れを起こすのです。

宇宙にはいくつかの法則があると、私たちは考えています。そのなかの一つに「差し出したものが、帰ってくる」というものがあります。難しいことではありません。誰かにひどいことをすれば、あとで自分に返ってくるという非常にシンプルな宇宙の法則です。

サイレント期間に入り、例えばナツキがメイの元を去ったとしましょう。

メイは悲しみのどん底にありながらも、ナッキを責め立てることはしません。なぜなら、ナツキは自分の想いに従ったまでで、メイにひどいことをしようとしたわけではありません。

あくまで「ひどい」と受け取ったのはメイであり、**すべてはメイの世界のなかで起きていることだからです。**

でも、あまりの悲しさから事実をねじ曲げて、「全部ナツキのせいだ！」「なんてひどい男なんだ！」と、たくさんの誹謗中傷を浴びせて攻撃したとします。

メイとしては、反撃。でも、宇宙の目線では、ただ単にメイがナツキを攻撃しているようにしか映りません。すると宇宙は、メイがナツキを攻撃した同じだけの反撃を仕掛けてきます。そういう法則だからです。

ということは、メイが攻撃を止めるまで宇宙からの反撃は続くということ。

当然、メイのエネルギーは消耗する一方となります。ですが、そこにも宇宙の法則は働きかけます。**試練を乗り越えるために削られたぶんは、喜びのエネルギーで補填されるのです。**

サイレント期間に限りませんが、人生が停滞する時は、今までの自分の在り方を変えていくサインだと思っています。だから、ナツキが離れていくんだとしたら、「このままだと彼に依存した人生になってしまう」、というお知らせの可能性として捉えることもできます。

ツインレイとは二つの光。二人がそれぞれに自分の足でしっかり立っているからこそ成り立つ関係性ですから。

「じゃあ、私はここからどうしていこうか？」

と、自分が自分の人生の主軸となって歩みを進めていく術を探った方が何倍も楽しくて、しかも、お相手を責めなくて良くなります。自分に夢中になってくるのです。

もちろん、すぐにはひらめかないこともあると思いますが、落ち込んでいる時って、気持ちがズーンと暗く、落ちていくでしょう。その落ちていく感覚って、私は潜在意識に、宝物を取りにいっていると思っています。なので、泣いて落ち込んで、がっかりして、とやりつつも、ずっとその感情をもう一人の自分が見守っている。何日も続くこともあると思いますが、それでも、そんな自分の心に付き合ってあげる。その間に、私たちは、深いところにある、潜在意識にどんどん近くなっているのです。そしてある日、パチンと弾けたように、ひらめきがやってきます。あ！　そうだ！って。まるで水中からピンポン球が弾け飛ぶように、その瞬間は必ずやってくるんです。

そんなネガティブからの直感をキャッチする方法が私の停滞から抜け出すためのパターンです。ポイントとして、この時、その気持ちをあまり紛らわせようとしないこと。せっかく大切な潜在意識にすばらしい宝物を拾いにいっていますから、無理にその感情を紛らわすような深酒はしないことをお勧めします。

私たちの周りには、サイレント期間を乗り越えて、お相手と幸せに進んでいらっしゃる方が、たくさんいらっしゃいます。もう無理かも……と思ってしまうような状況でも、いくらでも覆すことができるのです。あなたのツインレイに対する祈りは必ず宇宙に届いていますから、ご自身の感覚を信じて、希望を常に感じていきましょうね。

最後に宇宙語でのチャネリング内容もお伝えしておこうと思います。

サイレント期間が持つ意味や期間の過ごし方などについてのメッセージです。

強くぶつかったもの同士は、強く離れます
それはまるでニュートンのゆりかごのように
振り子がぶつかった瞬間の衝撃がそのまま離れる際の衝撃となるのです
つまり、出会った瞬間、あるいは気づいた瞬間の
「この人！」という衝撃が強ければ強いほど
同じだけの衝撃性を持って突発的に離れていくというわけです

ツインレイのなかでも
二人が離れる期間がある人とない人とが混在するのは
はじめの衝撃性が、それぞれ異なるからだと思ってください

まるで寄り添うようにして出会い
気づいた二人の場合には離れるほどの振り幅
衝動性がなかったということです

もしも離れる時を迎えたのなら
悲しい思いも悔しい思いもすべてを自分のなかで消化し切って

再び日常生活を送れるような
自然体の状態へと戻していくことを心がけてください
少し時間はかかるでしょう
でも、大丈夫です。失ったと思った穏やかさも
いつかは取り戻すことができます
銀河と銀河が融合しようとする時
ぶつかっては離れ、ぶつかっては離れ、を幾たびも繰り返し
少しずつ一つになっていきます
それを銀河のダンスと呼びます
二人の状態は、まさにいま銀河のダンスの真っ最中なのです
ダンスの渦中にできることがあります
それは、出会えた奇跡に感謝をすることです
同じ地球上で、同じ人間として
同じ時代を生きる者として巡り合えた奇跡を信じてください
そして、一言「ありがとう」と伝えましょう

ツインレイは想定外ばかり？

私たちがツインレイとして互いの存在に気づいてから、その後の展開を「こんな感じかな」とイメージしていきました。だけど、実際は嬉しいことも衝撃的なことも含めて、とにかく想定外の連続だったのです。

再会した時、ナツキはシェフとしてレストランに立っていました。だから、メイはお店のマダムとして、一緒にお客さんをお迎えするのが私たちの歩む道だと思っていましたが、気づけばお店はお休みをして、二人で動画を撮影する毎日。ツインレイYouTuberになっていました。

今でこそYouTube動画でスルスルと自分の考えを述べているメイですが、かつてのメイは、喋るのがとっても苦手でした。

人前に立つとそれだけで赤面してしまい、それによってさらに緊張が増して口が回らなくなるほど。毎回、人前に立っては、声が上ずり、上手く話せなくて恥ずかしくて悔しくて泣く思いをしていました。今や、イベントでも動画でも、一人でも延々と喋り続けられるようになりましたから、過去のメイは全く想像できないかもしれませんね。

それから、レストランを営業している時は、時間がなさすぎてできないと思っていた庭の畑も、今や私たちの趣味となりずいぶん充実してきました。ナッキが野菜を、メイがハーブとお花を分担して、それぞれ季節に応じたものを育てています。

そもそも東京育ちのナツキの頭のなかには、自宅を所有するという考えがありませんでした。そして、同じく長いこと東京に居を構えていたメイも、庭付き一戸建てへの憧れをずっと抱いていたものの、まさかこうして実現できる日が来るなんて思っていませんでした。

ツインレイと出会って、気づいて、たくさんの奇跡の積み重ねによって八ヶ岳という土地に導かれるようにやってきたからこそ、叶えることができたわけです。

きゅうりやピーマンがどうやってなっているのかすら知らず、都会の中心部にそびえ建つタワーマンションの高層階に暮らす将来を夢見ていたナツキが、今や、度々有機農家さんのところへ援農に通い、そこで学び得た知識を生かしながら、自宅の畑で土とたわむれ野菜を育てているわけですからね。

本当に人生は何が起こるかわかりません。


当初の未来予想図とは、だいぶかけ離れた未来を生きていくなかで改めて思うのは、自分の人生の進むべき道をガチガチに決めすぎる必要はないのだな、ということです。

子どもの頃から、周りの大人から「目標を立てろ」と言われてきたかと思いますが、あまり細かく立てすぎると人生を狭める危険性もあるのですね。

「私の人生はこれくらいが妥当」

「僕の人生はこんなもん」

などと、小さく収める必要はありません。

反対に必要なことがあるとしたら、向かいたい方向をしっかり見つめておくことです。幸せになりたいとか、ツインレイと巡り合いたいとか。その想いを胸に抱いておくだけで、じゅうぶんなのです。

どうやって幸せになるのか。どうやったらツインレイと巡り合えるか。それらを整えるのは、すべて宇宙の仕事。私たちは、吹いてきた風に、動き出した流れに乗って、あとはそのまま身を任せるのみ。

逆に、頑張って自分の力で、足でたどり着こうとすればするほど、茨の道ばかりを選ぶことになってしまいます。「そんなことある?」と思うかもしれませんが、メイもナツキも、これまでたくさん頑張れば頑張るほど沼地にハマる苦い経験をしてきましたから。

読者の皆さんには私たちみたいに苦労する必要はありません(笑)。今の時代はもっともっと自由な風が吹き始めていますから、さらに宇宙に身を委ね、吹いてくる風に乗り、本当に望んでいた世界をもっと気楽に手にできる世界をぜひ作っていただきたいです。

風の時代の幸せなパートナーシップ

長く続いた土の時代。そこに生まれ育ち、物質的なものが重宝され、マニュアルに則ることこそが正義であると信じてやまなかった私たちが、風の時代を迎えてさらに加速しているエネルギーのなか、今、感じているのは、少しずつでも確実に人々の心のなかで風が吹き始めているということです。

風の時代に最も重要視されるのは、一人ひとりの感覚だと言われています。

その点、ツインレイと通ずるものがあると思っています。言ってしまえば、私たちは「ツインレイだと感じています」、それに尽きるんですよね。

これまでの恋愛では一度も感じ得なかった体感があり、考えられなかったシンクロがあり、ただただ好きだという感情があふれてくる。二人のなかにある感覚を大切にして、信じ合っているからこそ、

「私たちはツインレイです」

と公言することができているわけです。

身長165㎝で黒髪、短髪、飲食店勤務の男性があなたのツインレイです、京都生まれで東京在住、お花に精通した髪の長い女性があなたのツインレイです、といったチェックシートがあればいいのですが、残念ながら存在しません。

誰かに判定してもらうことはできないからこそ、自分のなかにある感覚的な部分で、**二人の魂の絆に気づくことでしか、ツインレイという関係性は始まらないのです。**

スタートがそうならば、ともに歩む道のりもそうです。

二人のなかで何かを決断する時、頭を使おうとするとすぐに状況が停滞します。直感を働かせない限り、好転していきません。

特に男性は思考優位の傾向が強く、ナツキもまた、いまだに頭で考えた内容をメイに伝えようとする時があります。でも、メイはすでに完全なる感覚優位の状態にあるため、頭で考えた内容を受け取ることができないのです。

当然、頭には届いていています。でも、それでは意味がありません。ナツキが感じたことを、メイのハートに届けてはじめて話が前進していきます。

ツインレイは、互いの感覚を使っていかないと一緒にはいられません。

まさに風の時代のパートナーシップと言えますよね。

余談ですが……。ナツキは、これまで培ってきた自分のロジカル思考が通用しないことから「自分の能力が落ちたように感じる」と言ってきました。でも、それがツラいのか？　と聞くと、むしろ「ラクで、生きやすくなった」と答えます。

そして「幸せだ」とも。

このなんとも言えない矛盾感のなかに風が起こる。もう頭で考えられないような自由な世界が今ここに拡がろうとしています。

あなたが目標としている世界はもうすぐそこまで来ています。

まるで春につぼみが開花するのを待っているように。

ツインレイとの出会いも急に花開くもの。

開花の準備はＯＫですか？

さあ、この風に乗っていきましょう！

おわりに　本当の自分に還る旅

ここまでお読みくださり、ありがとうございました。

私たちは今、八ヶ岳に拠点をおいています。

きっかけは、ナツキがレストランのシェフとしてスカウトを受けたことでした。ナツキは都会に生まれ育ったからか、ずっと自然とは無縁の生活をしてきたので、まさかこのような山のなかで暮らすようになるとは、10年前の自分が知ったらびっくりするだろうな……そう時々思い返すほど、自分の人生の予定には一切なかったことでした。

でも、八ヶ岳に移り住み、森のなかに湧水を汲みにいったり、メイとキノコを探して歩いたり、耳を澄ませば鳥のさえずりや水が流れる音が聞こえてくる素晴らしい環境に、どんどん心が柔らかく、穏やかになっていくのを感じました。そしてこの場所が毎年どんどん大好きになり、この場所だったからこそ、メイとナツキは再会できたんだろうな、ここまで来られたんだなって今では思っています。

メイは京都の山のなかで生まれ育ったので、元来、自然のなかに身を置くことが大好きでした。八ヶ岳に移り住むまでは、東京という独特な環境に適応するために無意識のうちに感受性を閉ざしていたのでしょう。なぜか、「私はどんなことがあってもずっと東京にいてカウンセラーをやり続けよう」と思い込んでいました。

でも、ナツキに再会して、ツインレイであることを思い出してからは、流れに乗るようにして八ヶ岳へ。

日々、自然の美しさや強さを肌で感じ取るうちに、どんどん本当の自分が顔を出してくるのを感じていきました。そしてとても自然体な出会いが八ヶ岳ではたくさん待っていました。

先日、八ヶ岳で出会ったセラピストのお友達にヒプノセラピーをやってもらいました。〈ツインレイに性別は関係ある？〉の項でも書きましたが、前世の旅で見えたのは、ネイティブアメリカンの集落で暮らす、性別のないグリーンの目をした男の子。その子は、やがて、若いうちに神様の捧げ物になって宇宙に還っていくのですが、その時に、グリーンの目をした半透明のボディの宇宙人仲間が宇宙船でたくさん待っていてくれて。そしてみんな性別がないのですけれど、その姿を見て、とてもホッとして安堵したのが自分にとって印象的でした。ああ、やっぱりって。

そしてね、セラピーの最後の方の誘導で、前世の男の子から「何か欲しいものはある?」と聞かれたのです。即座に「緑色の目が欲しい」と伝えた私。それを分けてもらえた体感があり、本当にとても嬉しくて。本来の自分に戻った感じがしました。半透明のボディのグリーンの目をした宇宙人にですが(笑)。

本来の自分って、自分が思っている以上に、まだまだ未知なる世界が隠れているんだなと思えた瞬間でしたし、まだ、私のなかにいろんなことがあるんだなぁと知ることができて素晴らしいきっかけをいただきました。

今まで、私が自分だと少なからず思っていたイメージは、もうどこかに消え去り、今は、新しいようで、とても懐かしく感じる、小さな子どものような無邪気な自分自身を受け入れ、馴染ませていくのがとても楽しくて仕方がありません。

そしてね、そのヒプノセラピーには実はまだ、続きがあって。

前世にナツキがどこかに出てくるかなぁと思ったのですが、それらしき人影は出てこなかったのです。

最後の最後に、「マスターに会いにいきましょう」とセラピストの友人に誘導されて、自分のマスターを出現させました。そのマスターの姿を見た瞬間、涙があふれました。なんと、ナツキがそこにいたのです。

私のマスターはナツキとして、ずっと私のそばにいてくれて、愛してくれてサポートしてくれている。私にとって、地上に降りてきてくれた天使そのもの。

私たちは宇宙の存在、そして大いなる存在から生まれ、この地に降り立っていると言いますが、ツインレイはその世界の縮図なのか、とか、二人で一つの宇宙なんだ、とか、ナツキの姿を見た瞬間、色々な気づきと思いがあふれてきて、感動して泣いてしまいました。

その後、家にたどり着いて、ナツキの姿を見た時、また泣きました。いつもそばにいてくれて、守ってくれてありがとう、あなたがいるから私がいるんだね、と。感謝の言葉を伝えました。ナツキは戸惑って笑っていましたが、マスターと言われ、悪い気はしなかったようです。じゃあ、「僕の言うことなんでも聞いてくれるの!?」と嬉しそうでした（笑）。

ツインレイにとって、お互いがマスターであり、大いなる存在でもあるんだな、と心の奥底から思いました。だからこそ、背を向けられると、自分を全否定されたようにも感じ、そして肯定されたらすべてを捧げたくなるぐらい嬉しい感覚になりますよね。

宇宙って、私たちが思っている以上に完璧です。人間の私たちはつい、あれやこれやと考えてしまいますが、宇宙タイミングより、ちょっとせっかちだったりする、ただそれだけのこと。

必ずあなたの宇宙は、あなたを宇宙一幸せにしたいと思っています。そしてツインレイの二人も、ほかの誰でもないお互いを宇宙一幸せにしたいと魂レベルで強く祈り願っているのです。

今の現状が全く追いついていなくても焦ることはありません。あなたは、もう今すでにツインレイのエネルギーに触れていらっしゃるのですから、その流れのなかにいるということで、心から安心してくださいね。

そしてそれでも不安になってしまう時は、自然の中にちょっと身を置いたり、私たちの動画を見にいらしてください。

いつでもあなたが自然体に還られるように、私たちはできるだけ八ヶ岳からそのエネルギーとともに発信しています。

自然体になれば、あなたのなかのツインレイの地図がどんどん発動し始め、光のような直感が降りてくるでしょう。

いつでも、お相手に導かれる地図はあなたのなかにしかないことを知っておいてくださいね。あなたはすでにわかっているのです。

このツインレイの道は、私たちが本来の自分へと還る道でもあり、もっとシンプルな人間として、魂の道を歩んでいるようにも思います。それはもっと根源的なところまで行かれる方もいらっしゃるかもしれません。あなたの心に導かれるままにぜひ向かわれてください。

その存在を感じるあなたの心を疑わないでください。

そして、ツインレイの世界はそれぞれに存在します。すべてが自由。すべてがあなたらしく。決して誰の枠にもハマらない。すべてあなたが自由に決めていい。それがツインレイの一歩でもあるのです。

この本を読んでくださった皆さま、そして私たちのＹｏｕＴｕｂｅをご覧になってくださっている皆さま、ブログ、ＳＮＳなどで応援くださる皆さま、そして親愛なるオンラインサロン幸せ魔女学校の皆さま、すべての皆さまと、今回ＫＡＤＯＫＡＷＡさんのおかげで、ツインレイがようやく本になり一般の方の目に届くところにやってきたように思います。誰にも言えない、伝えられない、そんな方が大多数であるツインレイの世界にようやく宇宙がゴーサインをくれたのではと思うと、胸が熱くなります。
皆さまのツインレイの世界が、より豊かに幸せになりますように。そし
て心のままに愛する人と、愛し合える世界になりますように。
八ヶ岳の聖なる精霊たちと共に祈っています。

メイとナツキ

メイとナツキ

長年の友人関係にあったが、ある日突然お互いがツインレイだと気づく。それと同時に人生が急激に動き始め、運命に導かれるまま数多の困難を乗り越えて夫婦となる。
現在は八ヶ岳にて理想の暮らしを実現しながら、妻・メイは無農薬のハーブやバラを育て、宇宙語を話すスピリチュアルカウンセラー「八ヶ岳の魔女メイ」として、元航空ジャーナリストの夫・ナツキは、幼少期から石と対話することができる力を使って野菜を選ぶスピリチュアル・フレンチシェフとして活動中。子育て、日々の暮らし、仕事、すべて夫婦二人で行いながら、ツインレイとしての奇跡のような体験をYouTubeやブログ等で発信し、たくさんの人々のツインレイに関する悩みや疑問を解消している。「八ヶ岳の魔女メイ」名義では著書『宇宙語で目覚める！』（ヒカルランド刊）がある。
YouTubeチャンネル：Twin flame Twin ray 9999
https://www.youtube.com/c/TwinflameTwinray9999

運命《うんめい》の人《ひと》は必《かなら》ずいる
ツインレイとの出逢《であ》い方《かた》

2023年3月31日　初版発行

著者　メイとナツキ

発行者　山下直久

発行　株式会社KADOKAWA
〒102-8177 東京都千代田区富士見2-13-3
電話0570-002-301（ナビダイヤル）

印刷所　大日本印刷株式会社

●お問い合わせ
https://www.kadokawa.co.jp/ （「お問い合わせ」へお進みください）
※内容によっては、お答えできない場合があります。
※サポートは日本国内のみとさせていただきます。
※Japanese text only

定価はカバーに表示してあります。
 ISBN 978-4-04-606270-3 C0095